Denn du kommst unserem Tun mit deiner Gnade zuvor

# Denn du kommst unserem Tun mit deiner Gnade zuvor

Zur Theologie der Seelsorge heute

Paul M. Zulehner im Gespräch
mit Karl Rahner
Unter Mitarbeit von Andreas Heller

Schwabenverlag

**Die Deutsche Bibliothek - CIP-Einheitsaufnahme**
Ein Titeldatensatz für diese Publikation ist bei
Der Deutschen Bibliothek erhältlich.

Alle Rechte vorbehalten
© 2002 Schwabenverlag AG, Ostfildern
www.schwabenverlag.de

Umschlagentwurf: Finken & Bumiller, Stuttgart
Umschlagmotiv: Claude Monet, Nymphéas 1908,
Dallas Museum of Arts
Layout und Satz: Wolfgang Sailer, Oberboihingen
Herstellung: Freiburger Graphische Betriebe, Freiburg i. Br.
Printed in Germany

ISBN 3-7966-1083-8

# Inhalt

**Seelsorge heute** 9
Retheologisierung nach Selbstsäkularisierung 9
Der Mensch in der Mitte – aber aus Gottes Sicht 12
Geisteshaltung – Begegnungskultur 14
Ende der Mission? 16
Geschichte der Person – Geschichte
der Gemeinde 18
Mystagogie und Diakonie 20

**Einleitung** 23
Der Christ und seine ungläubigen Verwandten 23
Christen sind die Minderheit in der Menschheit 25
Fragen in der Sakramentenpastoral 27
Theologie der Seelsorge 29

**Das überkommene Grundkonzept der**
**Versorgungsseelsorge** 31
Das pastoralgeschichtliche Erbe 31
Seelsorge als raumzeitlich-punktuelles
Eingreifen 34
Auswirkungen auf die Seelsorge 35

**Überleitung** 41
Hilfskonstruktionen 41
Einseitige Perspektive 43
Fehlen von Aussagen 44
Volkserzieherische Vereinfachung 45
Leutereligion 47
Weltliche Vorteile 48

| | |
|---|---|
| Veränderung der Seelsorgssituation | 49 |
| Pastorale Futurologie | 52 |
| | |
| **Mystagogische Seelsorge** | 55 |
| Universaler Heilsoptimismus | 55 |
| Gnadengeschichte auf Christus hin | 61 |
| Kirche als Ort der Mystagogie | 62 |
| Missionspredigt | 72 |
| Sakramente | 84 |
| Wer macht die Arbeit der Kirche? | 97 |
| Amt in der mystagogischen Kirche des Volkes | 102 |
| Gemeindlicher Glaube | 133 |
| | |
| **Ausleitung** | 163 |

# Seelsorge heute

Es ist fast dreißig Jahre her, dass ich, unterstützt von Andreas Heller, mit Karl Rahner zu seinem achtzigsten Geburtstag das „Gespräch zur Theologie der Seelsorge heute" geführt habe.[1] Karl Rahner war beides wichtig: dass Seelsorge etwas mit Theologie zu tun hat und dass das Heute nicht übersehen wird. Jede Zeit, so meinte er, setze ihre Akzente auch theologisch anders. So bleibe der Seelsorge nichts anderes übrig, als sich im Spannungsverhältnis von Gott und der heutigen Welt zu bewegen. Diese unentrinnbare Spannung bestimme auch jene theologische Wissenschaft, die sich katholisch Pastoraltheologie, protestantisch Praktische Theologie nennt.

## Retheologisierung nach Selbstsäkularisierung

Karl Rahner versuchte im Gespräch zur Theologie der Seelsorge heute einen Weg nachzuzeichnen von einer „versorgenden Seelsorge" zu einer „mystagogischen Seelsorge". Dabei drehen sich beide Konzepte um Gott und wie er zum Menschen ist und mit den Menschen geht: und was dabei die christlichen Kirchen mit ihren Seelsorgerinnen und Seelsorgern zu tun haben. Beide Konzepte sind somit zutiefst theologisch, kreisen um Gott und seine Sorge um den Menschen. Sie bedenken, wie Gottes Sorge um den Menschen und die Welt praktisch werden kann und welche Rolle die Seelsorge der Kirchen dabei hat.

---

[1] Die Erstveröffentlichung erfolgte 1983 im Patmos-Verlag. Der Text wurde für die vorliegende neuerliche Herausgabe leicht überarbeitet und gestrafft.

Eine solche „Theologie der Seelsorge heute" ist nach dreißig Jahren aktueller denn je. Die letzten Jahrzehnte waren in den modernen Gesellschaften geprägt von einer tief greifenden soziokulturellen Veränderung, welche die religiöse Dimension der Kultur und damit Religion im Leben sowohl der Person wie der Kirchen stark betroffen hat. Die Religionssoziologie hat die Theorie der unumkehrbaren Säkularisierung moderner Kulturen formuliert, um diese Veränderungen zu verstehen.[2] Moderne Kulturen würden eine „Stadt ohne Gott"[3] (Harvey Cox) sein. Religion und Kirchen würden verschwinden, zumindest aus dem öffentlichen Leben hinein in die private Innerlichkeit. Der „invisible religion"[4], der unsichtbaren Religion gehöre die Zukunft (Thomas Luckmann).

Der evangelische Landesbischof Wolfgang Huber beobachtet schon seit geraumer Zeit für die evangelische Kirche in Deutschland als Begleiterscheinung der Säkularisierung von Gesellschaft und Person eine folgenschwere „Selbstsäkularisierung" der Kirchen.[5] Die Kirche verweltliche sich selbst von innen her. Eine ähnliche Tendenz hat in modifizierter Weise auch die (deutschsprachige) katholische Pastoraltheologie erfasst. Auch sie hat sich in einem gewissen Sinn „selbstsäkularisiert". Theologieexterne Theorieelemente sind immer mehr bestimmend in den Mittelpunkt gerückt. Sie wurden dem reichen Spektrum der Wissenschaften vom Menschen und der Gesellschaft entlehnt. Deren Buntheit hat auch die Pastoraltheologie bunt gemacht. Die Beiworte, mit denen sich Seelsorgskonzepte schmücken, sind fast schon unüberschaubar: beratende, therapeutische, themenzentrierte, gesprächstherapeutisch orientierte, partnerzentrierte, klientenzen-

---

**2** Zulehner, Paul M.: Säkularisierung von Gesellschaft, Person und Religion: Religion und Kirche in Österreich, Wien 1973.
**3** Cox, Harvey: The secular city, New York 1966 (Stadt ohne Gott, Stuttgart 1966).
**4** Luckmann, Thomas: The invisible religion, New York 1967 (Die unsichtbare Religion, Frankfurt 1971).
**5** Huber, Wolfgang: Kirche in der Zeitenwende, Gütersloh 1998.

trierte, annehmende, begegnende, tiefenpsychologisch orientierte, logotherapeutisch orientierte, gestalttherapeutisch-integrativ orientierte, heilende, ethische Seelsorgskonzepte wuchsen im Gespräch mit psychologischen Schulen. Diakonische, interaktive, kommunikative, solidarische, kritische, innovative, politische, befreiende, feministische, advokatorische, kreativemanzipierende, interkulturelle, ökologische, systemtheoretisch fundierte, transversale künstlerische, plural verstandene Seelsorge hingegen verdanken sich soziologischen Entwürfen. Postmoderner Philosophie wird schließlich ein multiperspektivisch-kombinatori sches Seelsorgskonzept gerecht.[6] Natürlich gibt es daneben noch Seelsorgskonzepte mit „theologisch-biblischer Perspektivendominanz". Aber diese sind zur Zeit eher in der Minderheitsposition. Es dominieren die mehr „säkularen Konzepte": Es sind nicht nur jene Konzepte gemeint, die (zu Recht) beim Menschen einsetzen (also eine anthropologische Theologie versuchen), sondern die sich schwer tun, den Menschen zugleich von Gott her zu sehen (damit zugleich eine theologische Anthropologie betreiben). Solche „säkularen Konzepte" tun sich selbst schwer, biblische und systematische Theologie mit der primär im profanen Wissen um den Menschen begründeten Seelsorgstheologie innerlich zu verweben – Theologie wird eher assoziativ beigefügt, sie erweist sich letztlich nicht theorierelevant.

So wie immer mehr Personen, sensibel für die Entwicklungen der Kultur, heute ein Ende der Selbstsäkularisierung der Kirchen fordern, treten auch jüngst PastoraltheologInnen für eine Retheologisierung der Pastoraltheologie ein.[7] Das Gespräch mit Karl Rahner „Zur Theologie der Seelsorge heute" ist ein bleibender

---

**6** Es ist das Verdienst von Doris Nauer, diese vielfältigen, einander nicht nur widerstreitenden Seelsorgskonzepte gesichtet und fast lexigraphisch, damit aber auch typologisierend vereinfachend zusammengestellt zu haben. Nauer, Doris: Seelsorgskonzepte im Widerstreit. Ein Kompendium, Stuttgart 2001.
**7** Weß, Paul: Zwischen Relativismus und Absolutheitsanspruch, in: Stimmen der Zeit 126 (2001) 411–425, besonders 421ff.

Beitrag dazu. Er ist heute nach dreißig Jahren aktueller und dringlicher denn je. Daher verdient er es auch, der Öffentlichkeit neuerlich zugänglich gemacht zu werden.[8]

## Der Mensch in der Mitte – aber aus Gottes Sicht

Die vielfältigen von den Wissenschaften vom Menschen gespeisten Seelsorgskonzepte haben ihren Grund. Denn Seelsorge geht es natürlich um den Menschen: seine Freuden und Hoffnungen, Ängste und Traurigkeiten, wie das Konzil präzise formulierte. Das „für uns Menschen" ist zentral auch im christlichen Bekenntnis. „Der Mensch ist und bleibt der Weg der Kirche", so in Anlehnung an die Antrittsenzyklika von Johannes Paul II. Den Menschen kennen zu lernen ist Grundvoraussetzung aller Seelsorge.

Freilich, Karl Rahner zeigt im Gespräch zur Theologie der Seelsorge, dass es bei aller profansoziologischen Neugierde am Menschen noch mehr um eine theologische Neugierde am Menschen gehen müsse. Wer ist der Mensch in den Augen Gottes, so fragt er unentwegt. Was ist also sein „Heilszustand", in dem er sich befindet und um dessen willen sich Gott in Jesus in die Geschichte inkarnatorisch „eingemischt" hat. Auch Rahner stellt somit den Menschen in die Mitte: aber eben aus der Sicht Gottes.

Seine Perspektive lässt ihn theologisch unterschiedliche Seelsorgskonzepte erkennen: Das eine Konzept sieht den Menschen in einem heillosen Zustand; allein von „außen", über die Kirche, ihre Sakramente und ihr Wort, kann ihm Heil werden. Das andere Konzept dagegen erblickt einen Menschen, der zwar von sich aus

---

[8] Ich danke dem Patmos Verlag für die erste Drucklegung des Buches und für die Freigabe des nunmehrigen Neudrucks.

in eine heillose Geschichte verstrickt ist – in eine von den Vätern (und Müttern) ererbte sinnlose Lebensweise (1 Petr 1,18). Zugleich aber bleibt Gott auch und gerade dem in die Heillosigkeit verstrickten Menschen „unbeirrbar treu" (Dtn 32,4). Es gibt also, um alte und neue theologische Bilder herbeizurufen, nicht nur die „Erbschuld", sondern eben auch das „Erbheil" (Hermann Stenger) in Jesus, dem Retter der Welt. Die Welt ist seit der Auferweckung Jesu eine andere geworden. Jetzt nämlich sitzen, so Rahner in Anlehnung an die Ostertheologie der Kirchenväter, im Herzen der Welt nicht mehr Tod und Vergeblichkeit, sondern das Leben.[9]

Rahner denkt dann diese unbeirrbare Treue Gottes zur Schöpfung und den Menschen konsequent zu Ende. Er zählt es zu den bleibenden Errungenschaften des Zweiten Vatikanischen Konzils, dass wir fragen dürfen, ob wir nicht hoffen dürfen, dass Gott am Ende alle rettet. Solch universeller Heilsoptimismus verdankt sich nicht der ethischen Güte der Menschen, sondern dem Vertrauen in Gott, der mit allen Menschen eine reuelose Geschichte hat, keinen schafft, dem er sich nicht selbst mitteilen will. Noch mehr, indem er anfängt, sich mitzuteilen, bringt er schöpferisch „ex amore" (Dorothee Sölle) den Adressaten seiner Liebe hervor: die Schöpfung und in ihr den Menschen. Wiederum bildlich: Gott schreibt mit der Schöpfung eine Geschichte, die universelle Heilsgeschichte, und er schreibt ebenso mit jedem und jeder eine solche Heilsgeschichte. Er „offenbart" sich somit im Leben eines jeden Menschen, mit dem er ein Leben lang, von allem Anfang bis hin zum erhofften guten Ende unterwegs ist. Die Freiheitsgeschichte jedes Menschen wird so zu einer „kleinen Offenbarungsgeschichte" Gottes in diesem Menschen.

Von da aus wird klar, was Rahner unter Mystagogie versteht. Anders als in den liturgisch-katechetischen

---

**9** Rahner, Karl: Kleines Kirchenjahr, München 1948, 88.

Traditionen geht es jetzt nicht um die Einführung der Menschen in die Heilsmysterien, und hier wiederum um die Sakramente. Es geht vielmehr darum, jenes Geheimnis wahrzunehmen und in dieses einzutreten, welches die ganze Schöpfungsgeschichte und welche jede einzelne Lebensgeschichte „im Grunde" immer schon ist. Es darf nicht übersehen werden, dass es Rahner nicht um das „Einführen in das Geheimnis Gottes" in sich geht. Geheimnis ist für ihn nicht Gott in sich, sondern das je eigene menschliche Leben, insofern dieses getragen ist von der unbeirrbaren Treue des anwesenden und mitgehenden Gottes, in dem wir leben, uns bewegen und in dem wir sind (Apg 17,28).

## Geisteshaltung – Begegnungskultur

Denen, die Menschen seelsorglich zur Seite sind, wächst auf diesem Boden einer mystagogischen Seelsorgstheorie eine Geisteshaltung zu. Sie spielen für die Geschichte Gottes mit den Menschen nach wie vor eine wichtige, wenngleich modifizierte Rolle. Diese bezieht sich nicht nur auf profane Zugewinne, Trost, Veränderung – zumindest nicht an erster Stelle. Solch mystagogische Seelsorge dreht sich um den Menschen, insofern dieser seinen letzten Sinn findet, wenn seine Liebesgeschichte mit Gott ausreift und in die beseligende Gemeinschaft mit Gott einmündet. Solche Seelsorgerinnen und Seelsorger sind auch nicht jene, die Gott in das Leben der Menschen hineintragen, sondern den Menschen begleiten hin zum Grund ihres Leben. Das macht sie zu Mystagoginnen und Mystagogen. Die Grundannahme für jede und jeden in der Seelsorge bedeutet daher, dass jede seelsorgliche Begegnung zugleich zur Gottbegegnung wird: mit jenem Gott, der nicht nur mein Gott ist, sondern auch der Gott der anderen – mit jenem Gott, den ich auch in den anderen gegenwärtig und wirkmächtig glaube. Findet dann einer hin vor den Grund seines eigenen Lebens, dann wächst die Erkenntnis über dieses. Dann wird einiges auch im Feuer der Nähe Gottes „verbrennen", man selbst wird dann aber (schon jetzt, und nicht erst im Fegfeuer) „wie durch Feuer hindurch" gerettet werden (1 Kor 3,15). Auf dem Weg hin zum Grund des eigenen Lebens wird vieles vom „alten Menschen" zugrunde gehen.

Vor Gott geraten entpuppt sich die eigene Lebensgeschichte als eine Art „kleiner heiliger Schrift", die Gott mit mir schreibt, in der ich zu lesen beginne, aus der ich (diskret!) anderen vorlesen kann. Auf diesem Weg gläubiger Lektüre in den „kleinen heiligen Schriften" kann so etwas wie eine gläubige Gemeinschaft wachsen. Natürlich wird in diesen kleinen Lesegemeinschaften auch die große Heilige Schrift gegengelesen. Denn die verbürgten überlieferten gläubigen Erfahrungen der ersten Glaubenszeugen können bestärken, sie eröffnen aber auch die (religionskritische) Möglichkeit zu sehen, wo wir anfangen, „aus einem unpassenden Gott einen uns passenden Gott" (Johann B. Metz) zu machen.

Aber beim Lesen allein bleibt es nicht. Vor Gott geraten gilt es fragen zu lernen.[10] Zunächst wird es die einzelne Person sein, die anhebt zu fragen, was Gott ihr will, was er ihr zutraut im Leben. Hier zeigt sich, dass mystagogische Seelsorge nicht nur Gotteserfahrung aus erster Hand eröffnet, sondern zugleich auch den einzelnen Menschen in seiner unvertretbaren Individualität vor Gott ernst nimmt: eine typisch neuzeitliche spirituelle Einsicht, die Ignatius wie Luther – wenngleich aus unterschiedlichen Begründungen heraus –

---

**10** Die Logik der Bibel verdichtet sich häufig in Fragen: Adam, wo bist du? Wo ist dein Bruder Abel? Wer einmal auf das Fragen der Bibel gestoßen ist, wird sich unentwegt in Frage gestellt erleben, wenn er in der Bibel weiterliest. Vielleicht sollten wir, so fragen Wolfgang Langer und ich schon seit geraumer Zeit, einen Katechismus schreiben, der allein aus Fragen besteht.

geteilt haben. Mystagogische Seelsorge wird so zur Seelsorge, die Fragen lehrt: und zwar nach Gottes heiligem Willen über das eigene Leben.

## Ende der Mission?

Es wird sich aber nicht nur ein Fragen auf die eigene Person und Lebensgeschichte hin einstellen. Das Fragen wird sich weiten: Gott, was traust du mir zu, dass es mit der Welt der Menschen besser wird? Wie kann ich daran mitwirken, dass das Herzensgebet Jesu sich erfüllt, dass „Dein Reich komme" und unter den Augen Gottes Menschen und Welt verwandelt werden?

Damit aber stellt sich nicht nur eine privat-hochpersonale Frage, sondern eine Frage, die sich unmittelbar in das Fragen nach der Kirche verdichtet und nach den Aufgaben, die der vor Gott geratene Mensch dort entdeckt. Man würde das mystagogische Seelsorgskonzept bei Rahner missverstehen, wenn dieses gegen die konkrete Kirche und darüber hinaus gegen eine von der Kirche getragene „Mission" verwendet wird. Bei nicht wenigen Pastoraltheologen wird heute ein Hang der Kirche zur „Selbstrekrutierung der Kirche" beklagt: Bei ihr gehe es nicht mehr um den Menschen (der ja Gottes erstes Anliegen ist), sondern um den Erhalt von kirchlichen (Macht-)Strukturen. Wo immer das der Fall wäre, müsste es gegeißelt werden. Aber ist das im realen Kirchenalltag wirklich in beklagter Breite der Fall? Dann kann der Vorwurf der Selbstrekrutierung, wenn er gegen die alltägliche Praxis vieler ehren- wie hauptamtlich Tätigen in den Gemeinden aufrecht erhalten wird, zur Lesehilfe dafür werden, dass Pastoraltheologie, fernab vom pastoralen Alltag entworfen, kaum die Kraft zu einer schöpferischen Ekklesiologie entwickelt.

Verbindet sich dann der Vorwurf der Selbstrekrutierung mit dem Rahnerschen Mystagogiekonzept, dann kann dieses – typischer Reflex auf die moderne Subjektivierung? – in der privaten Einsamkeit des Individuums verbleiben, das, einmal Luther zu zitieren, „seinen gnädigen Gott findet". Manchmal wird dann künstlich eine Ausweitung gesucht, indem an der Kirche vorbei an die privatisierte Mystagogie politische Forderungen angefügt werden. Im Übrigen hat der Rekrutierungsverdacht einen erkennbaren wissenssoziologischen Kontext. Er kommt von Theoretikerinnen und Theoretikern in der Pastoraltheologie, die offensichtlich noch an kirchlichen Beschädigungen leiden. Diese Gruppe wird aber unter den Theologinnen und Theologen sichtlich kleiner. Es kommt eine Generation nach, in der nicht mehr das Subjekt vor der Institution geschützt werden muss, sondern das Thema vielmehr heißt, wie das Subjekt wieder Beziehungen zu Institutionen neuer Art aufbauen können, die es entlasten und damit in seiner Freiheitszumutung bestehen lassen. Die Ablehnung freiheitsraubender Institutionen wandelt sich zur Zeit kulturell in die Suche nach freiheitsentlastenden Institutionen.[11]

Rahner treiben im Gespräch zur Theologie der Seelsorge beide Fragen enorm um: jene nach der Kirche und jene nach der Mission.

Zur Mission: Für Rahner gibt es keinen Zweifel daran, dass es eine Heilserfahrung im „embryonalen Stadium" gibt – im atheistischen Modus sozusagen, ein Heil, das noch nicht zum Bewusstsein seiner selbst gelangt ist. Dann aber sagt er in unnachahmlichem Freiburger Dialekt im Gespräch zur Theologie der Seelsorge heute: Einem Embryo muss man einmal eine „Bux" anziehen können, eine Lederhose also. Das heißt, dass das „embryonale Heil" erwachsen werden

---

[11] Zulehner, Paul M.: Wiederkehr der Institutionen, in: Stimmen der Zeit 123 (1998) 17–25.

soll. Erwachsen aber ist es, wenn es die christlich-kirchliche Gestalt gewinnt – Heil, das in die Nachfolge Jesu führt. Und diese ist ohne Nachfolgegemeinschaft nicht zu haben, so die unumstößlichen alt- wie neutestamentlichen Befunde.

Am Rande dieses Gedankengangs fragt Rahner auch nach der Theologie der Stellvertretung: ob und inwiefern es Kirchen gibt, die mit ihrem „Haupt" Christus vor Gott stehen und Heil in ausgereifter Form leben. Und weil alle Menschen in Sachen des Heils wie des Unheils untereinander tief verwoben sind, ist dieses Stehen nicht nur des einen (Christus), sondern auch der mit ihm verbundenen Gemeinschaft (der Christinnen und Christen) heilsbedeutend für das Heil der Welt.

Das Rahnersche Konzept mystagogischer Seelsorge ist somit missionarisch und ekklesial in einem. Wer von ihm diese zwei Dimensionen abtrennt, löst sein mystagogisches Konzept von seinem Ansatz her auf.

## Geschichte der Person – Geschichte der Gemeinde

Das heißt aber auch, dass das mystagogische Seelsorgskonzept nicht nur lebensgeschichtlich individuell, sondern auch (kirchen)gemeindlich ist. Gott hat ja nicht nur mit Einzelnen eine einmalige Geschichte (was neuzeitlichem Denken durchaus angemessen ist). Die Bibel denkt auch in Gemeinschaften, mit denen Gott eine Geschichte hat. So werden, was die lateinamerikanische Bibellektüre gegenüber unserer individualistisch-europäischen erinnert hat, am Ende der Geschichte Völker (!) vor das Gericht gezogen, und keinesfalls nur Einzelne (vgl. Mt 25,32).[12] Heilsgeschichte ereignet sich also nicht in einem diffusen Vorgang des

---

[12] Brown, Robert Mc Afee: Die Bibel neu gelesen, Düsseldorf 1988.

anonym-profanen und individualistischen Ankommens des Reiches Gottes. So auch. Aber Gott hat sich im Lauf der Geschichte dazu ein Volk erwählt: Israel und dann die Kirche als das neue Israel.[13]

Natürlich geht es Jesus um das Kommen des Reiches Gottes und ist die real existierende Kirche nicht das Reich Gottes pur. Aber es gehört zu den großen gegenwärtigen pastoraltheologischen Naivitäten, wenn man meint, am besten diene man dem Kommen des Reiches Gottes jenseits der Kirche und ohne, vielleicht sogar gegen sie. Von hier aus fällt auch ein Licht auf nicht wenige, die der Kirche möglicherweise auf dem Hintergrund eines warum auch immer beschädigten eigenen Kirchenverhältnisses fortwährend Selbstrekrutierung vorwerfen. Man sollte dieses Wort aus der Pastoraltheologie verbannen, weil es unerleuchtet und selbstschädigend ist.[14] Wer soll denn auch morgen die Reich-Gottesarbeit der Kirche machen, wenn nicht Menschen gewonnen werden, Kirche zu sein und im Sinn Jesu zu arbeiten? Statt über Selbstrekrutierung der Kirche zu klagen sollte viel mehr darüber nachgedacht werden, wie denn Menschen ihre Kirchenberufung erkennen, annehmen und zu Gunsten kirchlicher Gemeinschaften effektiv ausspielen können: Just dies bedeutet aber das Wort „Rekrutierung" letztlich.

Es gilt somit Menschen – die mystagogisch vor Gott geleitet werden – auch die Frage zu lehren: Gott, was traust du mir zu, dass jene Kirche, der du selbst mich hinzugefügt hast, leben und arbeiten kann?[15] Wer soll,

---

**13** Lohfink, Gerhard: Wie hat Jesus Gemeinde gewollt, Freiburg 1984. – Ders.: Braucht Gott die Kirche, Freiburg 1988.
**14** Es ist in ähnlicher Weise unproduktiv, das unvermeidliche Nachdenken über eine „kooperative Pastoral" gegen ein ebenso unverzichtbares Nachdenken über eine „Sozialpastoral" auszuspielen. Es ist ja auch im Alltagsleben kein Widerspruch, sich über das Ziel der Reise zu unterhalten und zugleich zu klären, mit welchem Verkehrsmittel man reisen will.
**15** Solches Fragen übt jener „Grundkurs gemeindlichen Glaubens" ein, der in der Diözese Passau für die Transformation einer Kirche für das Volk in eine Kirche des Volkes entworfen wurde und der sich dem Seelsorgskonzept von Karl Rahner verdankt: Zulehner, Paul M./Fischer, Josef/Huber, Max: Sie werden mein Volk sein. Grundkurs gemeindlichen Glaubens, Düsseldorf 1989.

um es an einem Beispiel zu illustrieren, die überaus wichtige Sozialpastoral machen, wenn es keine kirchlichen Gruppen mehr gibt, die sich dafür begeistern lassen? Es wäre für die Westeuropäer gut, pastoraltheologisch in die unbeschädigten Kirchenkulturen Lateinamerikas oder Ost(Mittel)Europas zu gehen. Provokant formuliert: Wir könnten dann wieder anfangen, in erwachsener, kritisch loyaler Weise „KirchenliebhaberInnen" zu werden.[16]

Mystagogische Seelsorge kennt somit nicht nur Gottes Geschichte mit den einzelnen Menschen. Es gibt solche Geschichten auch mit Gemeinden und Gemeinschaften. Das hat auch Konsequenzen für jene Amtsträger, die zur Zeit von außen Gemeinden oder Diözesen „vorgesetzt" werden. Diese benötigen einen großen Respekt vor der langen Geschichte, die Gott mit dieser Diözese oder dieser anvertrauten Gemeinde schon lange hat. Die derart (oft in fragwürdiger Weise unerwünscht) Hinzugefügten sind deshalb auch von der Gemeinschaft aufzunehmen und erst als Aufgenommene werden sie in einem tieferen Sinn, als es die rechtliche Ebene annehmen lässt, handlungsfähig.

## Mystagogie und Diakonie

Eine der Fehldeutungen der Rahnerschen Seelsorgskonzeption ist schließlich, dass er einen Weg in die tröstende Innerlichkeit einschlage, der vom Leid der Welt und der Menschen unpolitisch wegführe. Seine Mystagogie begünstige einen verbrämten Heilsindividualismus und halbiere Gottes- und Nächstenliebe.

Rahners Theologie wurde in der Tat wiederholt vorgeworfen, sie sei existentialistisch und daher am Politischen uninteressiert. Eine unpolitische Theologie also.

---

[16] Zulehner, Paul M.: Für KirchenliebhaberInnen. Und solche, die es werden wollen, Ostfildern ³2000.

Eben dagegen verwehrt sich Rahner auch im Gespräch „Zur Theologie der Seelsorge heute". Wahre Gottesliebe könne nie ohne wahre Nächstenliebe sein und umgekehrt. Die Rede von Gott lässt sich von der Rede vom Menschen nicht trennen. Zu sehr seien diese ineinander verwoben. Rahners Theologie begründet gerade die Untrennbarkeit von Kontemplation und Aktion (Roger Schutz), von Mystik und Politik (Johann B. Metz, Dorothee Sölle, Synode von Rottenburg-Stuttgart 1985/86). Wer also mystagogisch in Gott eintaucht, taucht unweigerlich neben den Menschen, zumal den Armgemachten auf. Mystagogie und Diakonie sind keine Gegensätze, sondern speisen sich aus der gleichen Kraft der einen, doppelgesichtigen Liebe zu Gott und den Menschen.

Ich wünsche dem Neudruck des vorliegenden Gesprächs zur Theologie der Seelsorge heute mit Karl Rahner viele Nachdenkliche in und außerhalb der christlichen Kirchen. Diese Hoffnung ist nicht unbegründet. Eine spirituelle Suche mit neuer Qualität geht durchs Land. Könnte das nicht ein Hinweis darauf sein, dass auch heute Gott im Grunde ihres Lebens Menschen verlockt, ihn zu suchen und nach ihm zu fragen?

Wien, im April 2002  *Paul M. Zulehner*

# Einleitung

## Der Christ und seine ungläubigen Verwandten

Es ist heute keine Seltenheit mehr: Christgläubige Eltern haben ihre Kinder christlich erzogen; sie haben ihnen die Chance einer Schule mit katholischer oder evangelischer Grundgesinnung erschlossen; dort wurde ein überdurchschnittlicher Religionsunterricht erteilt. Dann aber, im Zuge der Ablösung von den vielen Erziehenden, kommen sie mit Andersgläubigen in Berührung. Oftmals ist es ein geliebter Mensch, mit dem eines der Kinder sich verbündet und in Frieden alt werden will. Da ist es aber vorhersehbar, dass es zu einer Art tief greifender „Konversion" kommen kann. Gerade Liebende lernen viel voneinander. Indem sie ihre bisherige Lebensgeschichte, ihre Art, das Leben anzuschauen und zu gestalten, oft stundenlang durchreden, ändern sie sich aufeinander zu. Nicht selten gerät dabei auch der ererbte Glaube in Krise. Aus der Sicht der gläubigen Eltern fangen dann Kinder oftmals an, einen Weg zu betreten, der vom erhofften Glaubensweg abweicht.

Damit entsteht aber für viele Christgläubige im eigenen Lebensbereich eine Situation, die gesellschaftlich schon längere Zeit zum Normalfall geworden ist. Christen sind dabei, zur Minderheit zu werden. Der Gläubige findet um sich herum andersgläubige Nachbarn, nichtgläubige Verwandte und Freunde. Die „Heiden" sind nicht mehr in den fernen Missionsländern, sie sind unter uns und bewohnen mit uns sogar die „kleinen familialen Lebenswelten". Es sind unter ihnen Menschen, an denen uns sehr liegt, die wir lieben, an denen wir interessiert sind, weil sie unmittelbar zu uns gehören und wir unser Leben mit ihnen teilen. Zu diesen zählen aber nach neueren Studien „naturalistische Humanisten", Religionskomponisten, nicht zuletzt atheisierende Menschen.[17]

Gehen wir einmal davon aus, dass uns Gott und sein Heil wichtig sind. Wir glauben dann, dass es uns Menschen nur deshalb gibt, weil Gott selbst unsere unvorstellbare Seligkeit sein will. Es kann daher in diesem irdischen Leben nichts Wichtigeres geben, als Gott zu erkennen und aus seiner Liebe zu leben. Darin ereignet sich unser Heil.

Wenn wir aber so glauben, dann können wir gar nicht anders, als auch für jene, an denen uns liegt, die wir lieben, zu fragen: Wie steht es um dein Heil, wenn dir offenbar an Gott nicht gelegen ist, wenn du ihn nicht suchst, wenn du nicht glaubst? Wenn du nie zur Feier des Glaubens, zur Eucharistie gehst, wenn du deine „Ehe" nicht inmitten der Glaubensgenossen feierst, wenn du deine Kinder nicht (mehr) taufen lässt, nicht nur, weil du eine hohe Meinung von der Freiheit deines Kindes hast, sondern weil dir im Grund auch an der Taufe nicht sehr viel liegt? Wie steht es um dein Heil, wenn du, einmal als Säugling getauft, dich darum ein Leben lang nicht kümmerst, und die Möglichkeit, inmitten anderer Christen die Gnade der Taufe aufkommen zu lassen, dadurch weggibst, indem du aus der Kirche austrittst?

Sind jene, die wir lieben, also im Unheil, wenn sie „außerhalb der Kirche" sind, wo es kein Heil gibt, „außerhalb", weil sie am Glauben und Leben der Kirche nicht nur nicht teilnehmen, sondern auch daran gar

---

[17] Zulehner, Paul M./Hager, Isa/Polak, Regina: Kehrt die Religion wieder? Religion im Leben der Menschen 1970–2000, Ostfildern 2001.

nicht sichtbar interessiert sind, „außerhalb", weil sie vielleicht auch faktisch ausgetreten sind oder von ihren „neuheidnischen" (katholischen) Eltern erst einmal schon gar nicht als Säuglinge getauft wurden?

## Christen sind die Minderheit in der Menschheit

Wir stoßen auf dieselben Fragen, wenn wir den engeren Bereich der überschaubaren „kleinen familialen Lebenswelten" übersteigen und nicht nur nach den ungläubigen Verwandten des Christen fragen. In den Blick gerät jetzt die ganze Menschheit. Es sind zweitausend Jahre Christentum vergangen. Lange hegten wir Christen die Hoffnung, dass eines Tages das Evangelium bis in die letzten Winkel der Erde bekannt gemacht sein wird. Wir hofften, dass die Mehrheit der Menschheit durch Glaube und Taufe zu Christen geworden sein wird. Solches Hoffen ist heute in weite eschatologische Ferne gerückt. Wenn man vom Ende der Geschichte her die Christen zählen und mit den Nichtchristen vergleichen wird: Die Christen werden dann zweifelsfrei die Minderheit sein.

Und die anderen – so fragen wir aus einer unausrottbaren Heils-Solidarität mit allen, die ein menschliches Angesicht tragen. Unsere heidnischen Vorfahren? Die Menschen in den anderen Religionen? Die Bergarbeiter in der Türkei? Die ehemalige kleine kommunistische Funktionärin aus der einstigen Tschechoslowakei? Die Angestellte im nachatheistischen Albanien, der Nationalparkbeauftragte in der Hohen Tatra, der kleine Schauspieler in Budapest? Wie steht es um ihr Heil? Gehen sie verloren, nur deshalb, weil sie zur falschen Zeit am falschen Ort geboren wurden? Was ist mit der gläubigen Jüdin, dem begabten Mystiker des Islam, dem ethisch so beeindruckenden Buddhisten? Wie stehen sie vor Gott da?

Oder anders herum gefragt: Was hat Gott mit ihnen vor? Hat er nicht alle dazu geschaffen, damit er sich ihnen schenken kann? Sind sie dann aber nicht in einer zynisch-chancenlosen Situation, wenn sie mit dem christlichen Glauben nicht so in Berührung kommen, dass sie ihn auch annehmen können, weil die ererbten Lebensbedingungen solches schlicht nicht ermöglichen? Was ist, so wird man ungeduldig weiterfragen, mit den vielen, die gezeugt werden, womit eine menschliche Geschichte unwiderruflich in Gang gebracht wird, die aber gewaltsam oder tragischerweise daran gehindert werden, überhaupt soweit voranzukommen, dass sie über ihr Leben auch selbstmächtig entscheiden können? Was ist mit den geistig Behinderten? Wie steht es um ihr Heil?

Früher waren all diese Menschen weit von uns weg. Wir kannten sie nicht. Sie hatten kein Gesicht für uns. Damit hatte diese Frage auch nicht dieselbe Dringlichkeit wie heute, da diese Menschen unter uns leben, mit uns arbeiten. Manch einer von uns lebt mit solchen Andersgläubigen in einer durchaus guten und gedeihlichen Ehe, hat ein Kind aus einem anderen Kontinent adoptiert und tritt damit in eine engagierte Beziehung zur unchristlichen Majorität der Menschheit.

Damit gewinnt die Frage nach dem Heil all dieser Menschen neue Dringlichkeit. Diese Frage ist alles andere als akademisch, beschaulich, ungefährlich. Wir fragen ja damit bereits, was wir als Christen und als Kirche zu tun haben. In sehr alltäglichen Situationen stellt sich also die Frage nach dem, was man herkömmlicherweise Seelsorge oder auch Mission nennt. Um eine Theologie der Seelsorge heute geht es.

## Fragen in der Sakramentenpastoral

Nicht wenige Seelsorgerinnen und Seelsorger – und gerade die ernsthaften – sind um jene besorgt, für deren Heil sie vor Gott einst Rechenschaft ablegen müssen. Da leben selbst die „guten" Jugendlichen einer Pfarrei wie selbstverständlich vor der Ehe zusammen und gehen natürlich zur Kommunion, ohne zu beichten. Andere haben bei der Erstbeichte zum letzten Mal das Bußsakrament empfangen. Die Taufe wird in einem – wie es scheint – sehr leichtfertigen Sinn aufgeschoben, nicht selten kommen manche erst dann, wenn das Kind zur Erstkommunion gehen möchte. Da soll dann eine schulische „Exkommunikation" des Kindes abgewehrt werden, insofern es ungetauft bei vielem nicht dabei sein kann.

Manchmal denken Pfarrer, sie werden bald ganz überflüssig sein, weil die Leute auch ohne sie mit Gott ganz gut zurechtkommen, es sich mit diesem gleichsam jovial-kameradschaftlich „richten". Freilich, sie sind auch aus tieferen Gründen unsicher: Weil sie mit der Bibel vertraut sind, wissen sie schon auch, dass die Liebe eine Menge Sünden zudeckt, dass die Christen einander in ihrem Alltag vergeben sollen und dass darin in Wahrheit auch Gott vergibt. Es fällt ihnen auch schwer, ernsthaft anzunehmen, dass Ungetaufte wirklich verloren gehen sollen, weil solches unverschuldete Unglück am Ende an Gott selbst hängen bliebe und man dann nicht mehr so recht verstehen kann, welchen Sinn der Tod Jesu für die vielen haben soll, wenn doch nur – gemessen an der großen Zahl der Menschen in der ganzen Menschheitsgeschichte – ein kleiner Teil erwählt und gerettet werden sollte. Sie hören von jungen Christen, die behutsam und verantwortlich ohne öffentliche Eheschließung zusammenleben, dass wenigstens von einigen das Evangelium durchaus ernstgenommen wird; dass sich also möglicherweise nicht der Glaube geändert hat, wohl aber die Art und Weise, wie heute eine Ehe entsteht und zur sakramentalen Vollgestalt heranwächst.

Welches ist dann aber das Verhältnis von persönlicher Heilsgeschichte und deren kirchlich-sakramentaler (Voll)Gestalt? Alte Begriffe aus der Schultheologie fallen einem ein: Welches ist das Verhältnis der „res" (der Gnade also, die Gott selbst ist) und dem „sacramentum" (der Trauung, der Kirche, etc.)? Müssen diese beiden Momente des einen Heilsgeschehens immer zeit-punktuell zusammenfallen? Und noch mehr: Stimmt es denn wirklich, dass die Gnade erst dann „wirklich", wirksam ist, wenn an einer bestimmten Stelle des Lebens ein Mensch mit dem „Zeichen" der Gnade (der Kirche, den Sakramenten) in Berührung kommt? Gibt es Gnade nur in der Kirche, nur in den Sakramenten? Also nur in jenen raumzeitlich umschreibbaren Ereignissen kirchlichen Lebens, nicht aber schon in einer andersartigen Erfahrungsweise vorher und auch nachher, also „außerhalb" der Kirche und ihrer Sakramente? Und wenn dies der Fall sein sollte: Wozu gibt es dann die Kirche und die Sakramente? Noch mehr: Wozu gibt es dann die Offenbarung, wozu das Leben, Sterben und Auferstehen Jesu, wozu die Predigt der Kirche, ihre aufwändige Mission, anderswo und im eigenen Land? Wozu gibt es den oft mühsamen, aufreibenden, kraft- und lebenssubstanzraubenden Einsatz so vieler Christen in der Seelsorge? Könnte nicht Gott eben auch ohne uns sein Heil schaffen? „Außerhalb der Kirche", außerhalb unserer Arbeit?

## Theologie der Seelsorge

In all diesen Fragen geht es im Grund um eine Theologie der Seelsorge. Gemeint ist damit sowohl die Seelsorge alltäglicher Art durch die einzelnen Christen, also eine Art Alltagsseelsorge. Gemeint ist aber auch die amtlich verantwortete Seelsorge der Kirche als Ganzer.

Die konkrete Seelsorge hängt, wie viele pastorale Studien zeigen, natürlich auch von der jeweiligen gesellschaftlichen Situation ab. Diese Situation wird mit einem biblischen Wort kairos, „Stunde" genannt, wobei die „Zeichen der Zeit" erkennbar machen, was Gott heute von seiner Kirche zu Gunsten der Menschen erwartet.

Die Seelsorge, die Arbeit, das Handeln der Kirche leben aber nicht nur von diesen wandelbaren, geschichtlich-gesellschaftlichen Momenten. Sie werden in einem oftmals unerkannten Maß auch geprägt von der theologischen Grundkonzeption, die zumeist gar nicht ausdrücklich reflektiert, sondern eher stillschweigend vorausgesetzt wird. Es wird sich zeigen, dass diese Grundkonzeption selbst noch einmal eine wandelbare Größe sein kann und sich auch mitverändern muss.

Thema des vorliegenden Gesprächs mit Karl Rahner[18] ist nun eben die Grundkonzeption, die Theologie der

---

[18] Vom 22. bis 24. März 1983 konnte ich in Innsbruck drei Nachmittage mit Karl Rahner über dieses Thema einer Theologie der Seelsorge ein tonbanddokumentiertes Gespräch führen. Aus diesem Dialog mit ihm ist die vorliegende kleine Studie entstanden. Karl Rahner hat die Gesprächsmitschrift bearbeitet. Beim Redigieren des Gesprächs hatte mich ein doppeltes Anliegen geleitet: Einerseits wollte ich möglichst viele Passagen aus dem Gespräch mit Karl Rahner wörtlich wiedergeben; andererseits sollte der Text für all jene lesbar bleiben, die verstanden haben, dass Christinnen und Christen berufen sind, am Aufbau und Wirken einer Christengemeinde mitzuarbeiten, also Seelsorgerinnen und Seelsorger im alltäglichen, ehrenamtlichen oder auch hauptamtlichen Sinn zu sein. Vielleicht gelingt es vereinzelt sogar, einem Anders- oder Nichtgläubigen zugänglich zu machen, was wir als Christen sind und tun.
Beim Entstehen dieser kleinen Theologie der Seelsorge haben dankenswerter Weise Andreas Heller, Anna Wachtfeichtl (inzwischen verstorben), Hermann Stinglhammer und Eva Sicheneder (jetzt Reif) mitgearbeitet. Karl Rahners 80. Geburtstag am 5. März 1984 war ein willkommener Anlass zur Herausgabe dieses theologischen Gesprächs mit ihm.

gegenwärtigen seelsorglichen Praxis. Es geht also nicht allein um die Frage, was die Kirche unter den heutigen gesellschaftlichen Umständen tun soll, sondern was ist, etwas im Abstand zu dieser veränderlichen Situation gefragt, grundsätzlicher – vom Auftrag der Kirche, von ihrem theologisch reflektierten Selbstverständnis her – zu tun.

# Das überkommene Grundkonzept der Versorgungsseelsorge

## Das pastoralgeschichtliche Erbe

Im Jahre 1726 schrieb der Passauer Fürstbischof Josephus Dominicus Lamberg an seinen Klerus eine Pastoralepistel.[19] Sie umfasst zehn Paragraphen. Neben Themen wie Kinderkatechese, Bußsakrament, Sakrament der Eucharistie, die Versorgung der Kranken, die Sonn- und Festtage, das Gedächtnis des leidenden Christus und der Kult der Seligsten Jungfrau Maria, die gegenseitige Hilfe durch das Gebet sowie Gehorsam der Untertanen gegenüber dem Fürsten und das Entrichten von Abgaben wird an erster Stelle die „Verwaltung der Taufe" behandelt: „De Administratione Baptismi". Was wir hier lesen, führt uns direkt ein in die theologischen Prämissen, die hinter der herkömmlichen Seelsorgspraxis stehen.

Anliegen dieses Abschnittes über die Taufe ist es nicht, die gewöhnliche Taufe sicherzustellen. Diese war durch staatliches Recht geschützt. Konnte doch in den nachreformatorischen Zeiten im Fürstbistum Passau (wie in allen anderen europäischen Ländern, welche das Christentum als Grundlage der Staatsverfassung angenommen haben) niemand Bürger sein und bürger-

---

**19** Vgl. Epistola pastoralis Iosephi Dominici, Episcopi et S. R. I. Principis Passaviensis ad Clerum Passaviensem, Passavii Anno 1726, 3–6.

liche Rechte genießen, wenn er oder sie nicht getauft war. Die einzige Sorge konnte demnach nur jenen Notsituationen gelten, in welchen die selbstverständliche Taufe vom Priester nicht selbst gespendet werden konnte. Es sollte mit allen nur erdenklichen Mitteln verhindert werden, dass ein Kind stirbt, ohne getauft zu sein: „Soweit es an Uns liegt, wünschen wir und müssen wir wünschen, dass alle Neugeborenen mit diesem Bad der heiligsten geistlichen Wiedergeburt und dem alleinigen Heilmittel gegen die Erbschuld sorgfältig versorgt werden. Deshalb schreiben wir allen Pfarrern und Vikaren, seien sie Welt- oder Ordenspriester, strengstens vor und ordnen an …"[20]

So sehen des Bischofs Verordnungen aus:
- Ehestens nach Erhalt der pastoralen Anweisungen müssen aus allen einzelnen Dörfern und Städten alle Hebammen sowie die übrigen weiblichen Geburtshelferinnen einberufen werden; in einer strengen und genauen Prüfung muss erfragt werden, wie im Notfall die Taufe gespendet wird; und da gerade das weibliche Geschlecht in der Notsituation von Angst erfasst wird und dann das bloße ungeübte Wissen nicht ausreicht, muss die Nottaufe auch an einer Puppe eingeübt werden.
- Die pastorale Taufunterweisung kann sich aber nicht damit begnügen. Einige Fälle sind ja höchst kompliziert: Was ist zu tun, wenn zweifelhaft ist, ob ein Kind noch lebt? Was ist, „wenn bei einer schwierigen Geburt nur ein Fuß oder eine Hand herausragt, der restliche Körper aber noch im Mutterschoß verborgen ist"? Dann müssen die zur Nottaufe vorbereiteten Frauen wissen, wie man bedingungsweise tauft und dass die Taufe zu wiederholen ist, falls das Kind doch heil auf die Welt kommt, „und dies wegen der Meinung der bedeu-

---

**20** Vgl. Helfert, D. J.: Darstellung der Rechte, welche in Ansehung der heiligen Handlungen, dann der heiligen und religiösen Sachen sowohl nach kirchlichen als nach österreichisch-bürgerlichen Gesetzen stattfinden, Prag ²1843, 18.

tendsten Theologen, dass eine Taufe auf die Hand oder auf einen Fuß zweifelhaft ist".
• Über die Durchführung dieser pastoralen Unterweisung ist der kirchlichen Behörde geflissentlich zu berichten. Es sind zusätzlich Predigten und Katechesen zu halten. Die Dekane müssen die Erfüllung dieser Anweisung bei den Visitationen, also dem Pastoralbesuch, kontrollieren und nachlässige Pfarrer melden, damit diese zur Rechenschaft gezogen werden können. Stirbt aber aus Nachlässigkeit eines Seelsorgers ein Kind ohne Taufe oder ist die Nottaufe ungültig, „was freilich der Allergütigste Gott gnädigst abwenden möge", dann „überweisen wir einen solchen dem fürchterlichen Tribunal des göttlichen Gerichts, angesichts dessen dieser jetzt schon bei sich erkennen kann, was er dem obersten Hirten der Seelen als leichtfertiger Verächter der göttlichen und unserer Anordnungen und als verabscheuungswürdiger Missachter seiner Schafe zu verantworten hat".[21]

Man mag heute über solche Anweisungen theologisch aufgeklärt den Kopf schütteln. Manch einem kommen sie überholt vor. Und doch ist die Vermutung angebracht, dass die zugrundeliegende Seelsorgskonzeption noch keineswegs „überholt" und in anderen Bereichen der Seelsorge nach wie vor wirksam ist. Wir stellen diese zunächst mit Hilfe eines Gesprächs-

---

[21] „Mit einer Spritze kann man ja selbst durch eine kleinere etwas künstlich herzustellende Öffnung in den Eihäuten das Wasser sicher auf den Kindesteil infundieren. Dabei wird man gut tun, durch Leitung des Spritzenrohres mit der einen Hand von der wirklichen Berührung des Kindeskörpers mit dem Taufwasser sich zu überzeugen." Capellmann,C./Bergmann, W.: Pastoralmedizin, Paderborn 1923, 257. – Weil freilich solche Taufpraxis die Lebensgefahr für den Foetus und die Mutter erhöhen musste, erließ das preußische Ministerium für Unterrichts- und Medizinalangelegenheiten am 4. Dezember 1904 die Verordnung, dass „die Maßnahmen vom gesundheitlichen Standpunkte für Mutter und Kind in hohem Grade gefährlich und den Hebammen deshalb verboten" seien. (262). Für Ärzte freilich gelte dieses Verbot nicht, so dass diese im äußersten Notfall die Taufe innerhalb des Mutterschoßes vornehmen konnten.

ausschnitts mit Karl Rahner dar und sehen uns anschließend die einzelnen Momente dieser Grundkonzeption an.

## Seelsorge als raumzeitlich-punktuelles Eingreifen

**Rahner** Ich meine, dass der Grundtyp der Seelsorge, so wie wir ihn gewohnt sind, davon ausgeht, dass Gott und das von ihm im Menschen und durch den Menschen zu bewirkende Heil gleichsam raumzeitlich-punktförmig in die Welt gleichermaßen von außen hineintritt. Diese Welt aber ist in der landläufigen Seelsorgsgrundkonzeption durch ein Doppeltes bestimmt:

1. Die Welt ist zunächst einmal die so genannte natürliche Welt: also nicht die Welt der Gnade, sondern die Welt einer reinen Schöpfung von Seiten Gottes, in der Gott das Andere von sich schöpferisch setzt und damit auch von sich absetzt. Wenn nun Gott mit dieser Welt weiter zu tun haben will, dann geschieht dies immer durch schöpferische Einzeleinwirkungen Gottes innerhalb dieser natürlichen Welt, die sich in irgendeiner Weise in die Reihenfolge von sich gegenseitig beeinflussenden Ereignissen einfügen.

2. Sodann ist diese Welt zwar schon eine Welt, in der die eigentliche Heilsfrage eine Bedeutung hat, aber negativ. Sie ist die Welt der Erbsünde. Der Mensch ist von vornherein durch alle Dimensionen seiner Wirklichkeit mit Gott zerfallen. Er ist der Erbsünder. Er ist der, der sterben muss. Er ist der, der wegen dieses verdorbenen Verhältnisses zu Gott Schmerz und Leid erlebt, im Moralischen blind ist,

in seiner geistlichen Erkenntnissituation gestört. Es ist also der Mensch, der von Anfang an qualifiziert ist durch den in der Schöpfung gesetzten Abstand und durch seinen moralischen Widerstand zu Gott.

Von da aus wird das Gnaden- und Heilsgeschäft Gottes gesehen. Die Offenbarung gibt dem Menschen in seiner moralischen Unordnung Hilfestellung. Die Gnade ist in der Schultheologie, aber schon bei Augustinus[22], zunächst einmal die helfende Gnade zur Überwindung der „Konkupiszenz"[23]: Es ist die Gnade eines Aufbruchs aus einem unmittelbar massiv greifbaren böswilligen Egoismus und aus menschlicher Verschlossenheit Gott und dem Nächsten gegenüber. Die natürlich im Katholischen nie vergessene Lehre von der heilig machenden Gnade im Unterschied zur medizinellen helfenden Gnade war doch etwas, was am Rand der Aufmerksamkeit stehen blieb und außerdem vom Seelsorgskonzept in der raumzeitlichen Dimension untergebracht wurde, während eben die Erbsünde im Unterschied dazu durchgängig auf der Ebene eines „Existentials"[24] angesiedelt war: Die „Kindschaft" bekommst du bei der Taufe, vorher bist du nur unter der Herrschaft des Teufels.

## Auswirkungen auf die Seelsorge

Halten wir die bisher genannten Momente der landläufigen Seelsorgstheologie fest:
1. Vorausgesetzt wird eine zunächst durch und durch „heillose Situierung" jedes neugeborenen Menschen („Erbsünde" als Existential, als Grundausstattung

---

[22] Aurelius Augustinus (354–430), lateinischer Kirchenvater, Bischof von Hippo (Nordafrika); hat das philosophische und theologische Denken des Abendlandes bis in unsere Zeit geprägt.
[23] Konkupiszenz: das (sinnliche) Begehren, in dem sich das Wesen der Erbsünde ausdrückt.
[24] Existential: Grundbefindlichkeit, Grundausstattung des Menschen.

des Menschen, die unentrinnbar ist und zugleich wirkmächtig).
2. Die Gnade gibt Gott erstmals in zeitlich nachfolgenden, eingrenzbaren, raumzeitlichen Vorgängen; sie „heilt" diese für jeden unentrinnbare heillose Grundsituation (das erbsündliche Existential), wenn auch nicht ganz (bleibende Konkupiszenz).
3. Eine zentrale Rolle spielt dabei die Offenbarung, und damit Jesus Christus, sein Leben, Sterben und Auferstehen.
4. Christus hat, damit sein geschichtliches Heilswirken auch nach seinem Weggang zugänglich bleibt, die Kirche eingesetzt und ihre Sakramente. „Außerhalb dieser Kirche gibt es kein Heil", also auch nicht ohne die wirklich stattfindende Taufe oder die Predigt des Evangeliums, die den rechtfertigenden Glauben bewirkt, wobei vorausgesetzt wird, dass dieser rechtfertigende Glaube nur gegenüber dieser ausdrücklich christlichen Predigt möglich ist (Hilfskonstruktionen, die diese Grenze zu übersteigen suchten [Bezogenheit auf die Uroffenbarung, private Erleuchtung; Dispens von einem solchen eigentlichen Glauben usw.], veränderten diese Grundidee für die praktische Pastoral nicht).

Es ist klar, dass damit der Kirche eine fast untragbare Heilsverantwortung aufgelastet ist. Diese Verantwortung wurde durch einen nahezu übermenschlichen Einsatz in der Weltmission wahrgenommen. Dabei haben die Missionare, wie ein „seelendurstiger" Franz Xaver (1506–1552)[25] oder ein Peter Chanel (1803–1841)[26], angesichts ihrer Erfolglosigkeit für die verbliebenen Heiden die Verdammnis befürchtet. Und da die Heilslage ernst und eine schnelle Entscheidung notwendig war, konnte man in der Wahl der Mittel nicht gerade zimperlich sein. Die blutige

---

**25** Franz Xaver (1506–1552), Jesuit und Gefährte des Ignatius von Loyola, gilt als Apostel Indiens und Japans, des Fernen Ostens und Begründer der Jesuitenmission.
**26** Peter Chanel (1803–1841), Maristenpater und Missionar in der Südsee, wo er von Eingeborenen umgebracht wurde.

Eroberungsgeschichte der Missionierung[27] konnte sich in der Rechtfertigung von gewaltsamen Bekehrungsmitteln durchaus auf die landläufige Seelsorgstheologie stützen. Unter Berufung auf das Gleichnis vom Gastmahl (Lk 14,23: „compelle intrare") hielt man es für gerechtfertigt, Menschen zu zwingen, durch die Taufe in die Kirche einzutreten.[28] So wie in den Missionen musste entsprechend auch bei uns die Seelsorge nicht nur an allen Menschen interessiert sein, sich an alle öffentlich wenden, möglichst viele zu gewinnen suchen. Vielmehr wurde in Zeiten der engen Verflechtung von Staat, Kirche und Gesellschaft, also in Zeiten „obrigkeitlicher Pastoral"[29], das Netz so eng und flächendeckend geknüpft, dass jeder erfasst werden musste.

Heute, da staatliche Unterstützung und kulturelle Selbstverständlichkeit nicht mehr gegeben sind, wird immer wieder von Verantwortlichen die alte Frage gestellt: Wie kommen wir an alle heran, wie können wir sie wieder „erfassen"? Nachhaltig wirkt sich dieses Prinzip, dass im Grund alle Menschen getaufte Kirchenmitglieder sein müssen, um eine reale Heilschance zu bekommen, in der Interpretation kirchlicher Statistiken aus: Stets wird von den erwünschten 100% ausgegangen; und dann sind es eben „nur noch" 30%, oder nach Jahren „nur noch" 25% oder 10%.

Aus demselben Grund sollen dann auch die Kinder in jenem Alter gefirmt werden, wo sie noch alle erfasst werden; wir „führen" sie dann geschlossen zu Schulbeichten, zu Schulmessen, was gewiss alles seinen Sinn hat, aber nicht zuletzt auch aus der Grundvorstellung der Seelsorge erwächst, dass die Menschen mit der Kirche und ihren Sakramenten um ihres Heiles willen möglichst lückenlos in Berührung kommen sollen.

---

**27** Vgl. Bühlmann, Walbert: Wenn Gott zu allen Menschen geht. Für eine neue Erfahrung der Auserwählung, Freiburg 1981, 97ff.
**28** Vgl. Karrer, Otto: Compelle intrare, in: LThK 3, Freiburg ²1959, 27–28.
**29** Zeeden, Ernst Walter: Die Entstehung der Konfessionen. Grundlagen und Formen der Konfessionsbildung im Zeitalter der Glaubenskämpfe, München-Wien 1965, 32.

5. Eine zentrale Rolle spielt in diesem Seelsorgskonzept der Klerus, spielen die Priester. Sie sind die „Verwalter der Sakramente", die Ausspender der Gnaden. Schon vor Jahren hat dies Otto Semmelroth so charakterisiert: „Das Verhältnis der Kirche zu den Handlungen der einzelnen Sakramente wird oft mit dem sehr missverständlichen Ausdruck wiedergegeben, die Kirche habe die Sakramente zu verwalten, man kann das nicht einfachhin leugnen. Aber dieser Ausdruck legt sehr leicht die Vorstellung von einem Depot nahe, in dem Werkzeug und Utensilien aufbewahrt liegen, um dem, der ein Recht auf ihren Gebrauch nachweisen kann, vom „Depotverwalter" ausgeliefert zu werden. Da wendet der, dem es um den Gebrauch der gelagerten Gegenstände geht, sich nicht deshalb an den Depotverwalter, weil ihm am Zusammentreffen mit diesem etwas läge. Sein Interesse richtet sich auf die Gegenstände, die er in Gebrauch nehmen will. Das Depot interessiert ihn nur, weil die Gegenstände nun einmal dort gelagert sind; und der Verwalter nur deshalb, weil er den Zugang dazu öffnen und verschließen kann. Für den Depotverwalter umgekehrt haben die Gegenstände des Depots selber keine Bedeutung, es sei denn die sehr äußerliche, dass ihm deren Verwaltung den Lebensunterhalt einbringt".[30]

Die Priester werden somit zu den Mittlern zwischen Gott und den Menschen. Um sie kommt kein Kirchenchrist herum, der an Heil und Gnade interessiert ist, wie er eben auch um die Sakramente und damit auch um die Kirche nicht herumkommt. Das „extra ecclesiam nulla salus"[31] wird somit konse-

---

[30] Semmelroth, Otto: Vom Sinn der Sakramente, Frankfurt 1963, 87f.
[31] Extra ecclesiam nulla salus – außerhalb der Kirche kein Heil. Ein von der kirchlichen Tradition formuliertes Prinzip, das nicht heilsexklusivistisch missverstanden werden darf. Zur Rechtfertigung wird dem Einzelnen die Gnade durch die Selbstmitteilung Gottes in seinem Sohn mitgeteilt. In Geschichte und Gesellschaft bleibt sie sichtbar und greifbar im Modus des Angebots in der Kirche präsent. Außerhalb der Kirche bleibt diese Gnade in ihrer inneren Dynamik immer noch darauf ausgerichtet, in der Kirche ausdrücklich zu werden. Vgl. Kern, Walter: Außerhalb der Kirche kein Heil?, Freiburg 1979.

quenterweise zu einem, „außerhalb der Sakramente" und „ohne die Priester kein Heil". In einer Primizpredigt aus dem Jahre 1933 hört sich dies zum Beispiel so an:

„Meine Lieben! Es ist nicht belanglos für euer Seelenheil, wie ihr euch zu eurem Pfarrer stellt. In seiner Person ist die kirchliche Autorität verkörpert ... Die höchste kirchliche Autorität, den hl. Vater, bekommt ihr wohl nie zu Gesicht in eurem Leben (wie sich die Zeiten ändern: Anm. d. Vf.), die nächst höhere, den Bischof, nur selten; aber den Pfarrer seht ihr oft genug, zum wenigsten an den Sonntagen. Hinter ihm stehen Bischof und Papst, ja der Sohn Gottes selbst; durch ihn spricht die lehrende Kirche zu euch, durch ihn seid ihr mit dem Bischof und mit dem Papst in Eintracht und Liebe verbunden. Wie er dem Bischof anhängt und der Bischof dem Papst, so müsst ihr ihm anhängen. Vom Papst, dem Statthalter Christi ... fließt der Strom der Gnade und Wahrheit unverfälscht und unvermindert in eure Seelen. Der Pfarrer ist da nicht zu umgehen; er zweigt gewissermaßen den Strom vom Überlandwerk für die Gemeinde ab und macht ihn für die Abnehmer gebrauchsfähig."[32]

Das raumzeitlich-punktförmige Eingreifen Gottes in die laufende Erbsündengeschichte hat also seine heilige Ordnung („Hierarchie"): Das Heil gelangt von Gott über Christus zum Papst, von dort zu den Bischöfen und zu den Priestern, welche sie schließlich den Laien durch die Heilsmittel der Sakramente zuteilen. Der Priester ist „das den Gläubigen zugewandte Gesicht der Hierarchie".[33]

6. Damit ist auch schon die Stellung der einfachen Kirchenmitglieder, der Laien, umschrieben. Während die Priester ausspenden, empfangen sie. Während sich die einen sorgen, werden sie selbst versorgt. Im

---

**32** Brosseder, Hubert: Das Priesterbild in der Predigt. Eine Untersuchung zur kirchlichen Praxisgeschichte am Beispiel der Zeitschrift „Prediger und Katechet" von 1850 bis zur Gegenwart, München 1978, 219.
**33** Steeman, T.: The Priest as a Socioreligious Leader, in: Clergy in Church and Society, Rom 1967, 179.

Grunde sind sie damit in ihrem Heil vollständig von den Priestern (= Kirche = Sakramente) abhängig. So ist auch verständlich, dass im Kirchenlexikon des Jahres 1851 unter dem Stichwort „Laien" lapidar steht: „Siehe Clerus". Und im Artikel über den Clerus[34] konnte geschrieben werden: „Ein Laienpriestertum kann im Ernste von Niemandem behauptet werden. Es ist ein Zeichen großer Geschmacklosigkeit und exegetischer Verirrung, aus 1 Petr 2,5.9[35] (sacerdotium sanctum … genus electum, regale sacerdotium, gens sancta, populus acquisitionis) ein solches construiren zu wollen. Es ist klar, dass hier nur von einem uneigentlichen, höchstens secundären Priesterthum der Gläubigen die Rede ist, welches die Existenz des wahren und wirkliche Priesterthums voraussetzt."

Freilich hat sich das Bild der katholischen Kirchengemeinde in den letzten Jahren verändert. Laien sind vielfach aktiv geworden. Aber wiederum ist zu fragen: Aus welchem theologischen Selbstverständnis heraus? Manche Priester und Laien sehen die Mitarbeit der Laien durchaus immer noch im Rahmen der herkömmlichen Seelsorgskonzeption. Weil den Priestern die Arbeit zuviel ist, benötigen sie pastorale Hilfsarbeiter, Mitarbeitende. Umgekehrt arbeiten viele Laien nicht aus eigenen Stücken, aufgrund unabtretbarer eigener Verantwortung[36], sondern nur, wenn man ihnen Aufgaben überträgt, delegiert, solange die Arbeit zu viel und die Priester zu wenig sind.

---

**34** Scherer, R.v.: Clerus, in: Wetzer und Welte's Kirchenlexikon oder Ecyclopädie der katholischen Theologie und ihrer Hülfswissenschaften 3, 2. neubearb. Aufl. Freiburg 1884, 537–547, 546.
**35** 1 Petr 2,5.9: „Lasst euch als lebendige Steine zu einem geistigen Haus aufbauen, zu einer heiligen Priesterschaft. Ihr aber seid ein auserwähltes Geschlecht, eine königliche Priesterschaft, ein heiliger Stamm, ein Volk, das sein besonderes Eigentum wurde, damit ihr die großen Taten dessen verkündet, der euch aus der Finsternis in sein wunderbares Licht gerufen hat."
**36** Vgl. Die pastoralen Dienste in der Gemeinde, in: Gemeinsame Synode der Bistümer in der Bundesrepublik Deutschland. Beschlüsse der Vollversammlung. Offizielle Gesamtausgabe I; hrsg. von Ludwig Bertsch u. a., Freiburg ⁶1982, 597–636, hier 602.

# Überleitung

Man wird dieser landläufigen Seelsorgsgrundkonzeption freilich nicht gerecht, wenn man nicht einige einschränkende Anmerkungen macht.

## Hilfskonstruktionen

Zunächst ist zu sagen, dass wir bisher lediglich die „dominante Perspektive" skizziert haben. Wir haben gleichsam den Cantus firmus vor uns, die Hauptmelodie, die erste Stimme. Daneben gibt es auch andere Melodien, Stimmen, Nebentöne; anders gesagt: Es gibt stets Hilfskonstruktionen, welche die harte Grundkonzeption mildern sollen.

**Rahner** Natürlich werden alle diese Konsequenzen (wie zum Beispiel die Verdammnis von Ungetauften) wieder abgeschwächt oder mit Hilfskonstruktionen irgendwie umgangen. Deshalb muss man gerechterweise zugeben, dass diese theologischen Grundstrukturen auch früher schon aufgesprengt waren. So wollte zum Beispiel Ambrosius[37] einen Kaiser, der ein anständiger Mensch war, in den Himmel bringen, obwohl er ungetauft gestorben ist. Damit wurde er zu einem wichtigen patristischen Zeugen für die Begierdetaufe.

In ähnlicher Weise wurde in der Lehre vom Limbus patrum[38] und vom Limbus puerorum[39] eine Entschär-

---

**37** Ambrosius (339 [od. 333] – 397), Bischof von Mailand, Kirchenvater und Lehrer des Augustinus.
**38** Limbus patrum: Ort und Zustand der Gerechten der vorchristlichen Zeit, die vor dem Höllenabstieg und der Himmelfahrt Christi nicht in die ewige Seligkeit eingehen konnten.
**39** Limbus puerorum: Aufenthaltsort all jener, denen die Taufe nicht gespendet werden konnte und die starben, noch ehe sie zum Gebrauch der Vernunft gelangt waren.

fung der harten Taufpastoral gesucht. Dabei ist an einen Zwischenzustand gedacht zwischen der Hölle und dem Himmel, eine Art natürlicher Seligkeit, man könnte denken, eine Art „Papagenohimmel" mit den weltlichen Freuden von Wein, Weib und Gesang.[40]

Man konnte sich eben nicht gut denken, dass die großen Gestalten aus der Heilsgeschichte oder die schuldlosen Kinder von Gott verdammt werden. Bei den kleinen Kindern half auch die Hilfskonstruktion des Votums, der Begierdetaufe (hätte dieser Mensch um die Taufe gewusst, hätte er sie auch empfangen), nicht mehr. Übrigens wird die Lehre vom Limbus ähnlich wie die Lehre von der Begierdetaufe auch heute in einzelnen Gruppen durchaus vertreten. So schrieb das Offertenblatt für die katholische Geistlichkeit vom März 1982: „Wenn ungetaufte Kinder sterben, können sie zwar nicht selig werden, genießen wohl aber eine Art natürlicher Seligkeit im Himmel."

Auch die zentrale Rolle des Klerus bei der Gnadenvermittlung wird faktisch nicht durchgehalten.

**Rahner** Natürlich sind alle diese Dinge in einer unsystematischen Weise auch immer wieder durchkreuzt worden. Selbst unter Cyprian[41], der ein episkopalistischer Klerizist war, wird trotzdem gesagt, dass auch Laien, ja selbst Frauen, gültig taufen können. Und warum wird schon zu seiner Zeit gesagt, dass sogar außerhalb der Kirche gültig getauft werden kann? Dies alles passt nicht zur dominierenden Auffassung des Cyprian. Denn durch die Taufe kommst du in die Kirche herein, wie aber soll dich jemand in die Kirche hereinlassen, der selber draußen ist? In der Taufe empfängt man den Heiligen Geist; wieso kann denn

---

**40** Vgl. Hahn, Alois: Soziologie der Paradiesvorstellungen, Trier 1976.
**41** Cyprian (um 200–256), Bischof von Karthago, ordnete die Einführung kirchlicher Bußverfahren zur Aufnahme der Exkommunizierten in die Kirche an. „Nur in der Kirche kommt der Mensch in den Leben spendenden Kontakt mit dem Geist Christi, der von ihr her dauernd den Menschen erfasst." Rahner, Karl: Die Bußlehre Cyprians von Karthago, in: Schriften zur Theologie 11, Zürich-Einsiedeln-Köln 1973, 224–324, hier 295.

der außerhalb der Kirche von jemandem empfangen werden, und noch dazu durch einen, der ein Häretiker ist, also selbst gar nicht gerechtfertigt ist? Aber man hat kaum gemerkt, dass durch solche Ausnahmen im Grund eine absolute Verklerikalisierung durchbrochen wurde.

## Einseitige Perspektive

Diese dominante Perspektive, die durch Hilfskonstruktionen immer wieder aufgeweicht wurde, ist allerdings zugleich eine sehr einseitige Perspektive. Dabei ist dies grundsätzlich zu erwarten, also übrigens nicht nur von der landläufigen Konzeption, sondern wohl auch von jeder Konzeption, die wir später vorstellen. Dies liegt an der Art und Weise des menschlichen Erkennens selbst:

**Rahner** Sie könnten bei Augustinus natürlich in seiner praktischen Seelsorge ganz sicher alles Mögliche finden, was seiner Grundkonzeption widerspricht. Der Mensch ist eben ein plurales Wesen, in seiner Theorie und in seiner Erkenntnis. Ich habe neulich einem gesagt, der seine Doktorarbeit über mich und meine Theologie machen will: Rechnen Sie selbstverständlich damit, dass Sie Dinge finden, wo ich mich widerspreche und das gar nicht merke. Es fängt eben jeder immer wieder an einem bestimmten Punkt neu an und entwickelt von dort aus etwas, was vielleicht auf Anhieb gar nicht mit dem bisher Gedachten zusammenpasst. Weder der Einzelne noch die Kirche leben also eindeutig und gleichsam in chemischer Reinheit aus einer einzigen Perspektive. Dabei bleibt allerdings bestehen, dass eine Perspektive aus verschiedenen noch zu klärenden Gründen bevorzugt wird, somit zur dominanten Perspektive wird und deshalb den seelsorglichen Alltag weiterhin durchgehend bestimmt.

## Fehlen von Aussagen

Wichtig ist, dass die Einseitigkeit in erster Linie nicht durch falsche Aussagen zustande kommt, sondern durch das Fehlen, das Übergehen, das Vergessen von Aussagen.

**Rahner** So war für Thomas[42] die Rechtfertigung erst in der sakramentalen Beichte, ohne dass sie schon mitgebracht wurde, wirklich ein absoluter Randfall. Denn für ihn tritt die Rechtfertigung nur bei vollkommener Liebe zu Gott ein[43], und wenn sie einer ausnahmsweise nicht schon in das Bußsakrament mitbringt, dann wird sie dort erzeugt. Nach landläufiger Auffassung, bei den Leuten ebenso wie bei vielen Pfarrern, ist es hingegen so, dass das Bußsakrament die Rechtfertigung erstmals bewirkt. Natürlich wird zugegeben, dass der mit vollkommener Reue Kommende nach dem Trienter Konzil[44] schon gerechtfertigt ist. Aber das wird nur so gleichsam sekundär erzählt. An diesem Beispiel kann man ganz deutlich sehen, wie sich die ganze religiöse Vorstellungswelt ändert, ohne dass eigentlich etwas geleugnet wird.

---

**42** Thomas von Aquin (1225–1274), Kirchenlehrer, der das mittelalterliche philosophische und theologische Denken zu einer Einheit verbindet; gilt daher als „engelgleicher Lehrer", als „allgemeiner Lehrer", dessen Lehre nach dem Kirchenrecht der theologischen und philosophischen Ausbildung zugrunde liegen soll.
**43** Vgl. Rahner, Karl: Reue, in: HTT 6, Freiburg 1973, 284–288. – Heyneck, V.: Kontritionismus, in LThK 6, Freiburg ²1961, 510–511.
**44** Trienter Konzil (Concilium Tridentinum) 1545–1563, gab eine Antwort auf die durch die Reformation aufgeworfenen theologischen Fragen und leitete eine innere kirchliche Erneuerung ein.

## Volkserzieherische Vereinfachung

Einer der gewichtigsten Gründe für das Weglassen „komplizierender" Aussagen ist zweifellos die angenommene Eigengesetzlichkeit der Erziehung des einfachen Volkes. Wir zeigen dies an einem noch gar nicht alten Beispiel. Im Werkheft „Zeichnungen zum katholischen Katechismus für Wandtafel und Werkheft" von J. Brems behandelt das Lehrstück 54,1 „Die großen Gnadenzeichen".[45] Das Schaubild bewegt sich didaktisch durchaus auf der Linie der schon umschriebenen dominanten Seelsorgsgrundkonzeption einer „Versorgungstheologie".

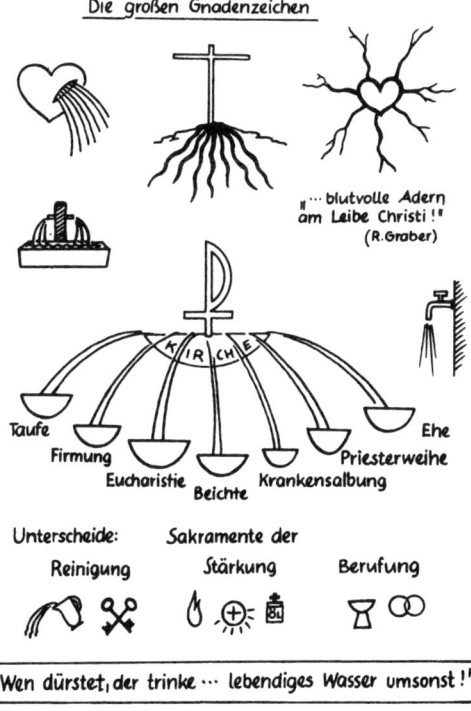

---

**45** Brems, J.: Zeichnungen zum katholischen Katechismus für Wandtafel und Werkheft. Unter Mitarbeit und mit einer Einführung von L. Tilmann, München 1956, 52.

Der Kommentar zum Bild könnte so aussehen:[46]
1. Der Mensch ist von sich aus in einer heillosen Situation. Er kann sich nicht selbst erlösen. Jesus ist der Heiland dieser heillosen Welt. Durch seinen Tod sind wir errettet. Aus seinem geöffneten Herzen kommt überreiche Gnade.
2. Diese Gnade verändert den Menschen: Er wird gereinigt (durch Taufe und Beichte), gestärkt (durch Firmung, Eucharistie und Krankensalbung) und berufen (durch Priesterweihe und Ehe).
3. Die Rolle der Kirche ist eindeutig: Die Gnaden, die Jesus am Kreuz verdient hat, fließen in den Gnadenbrunnen der Kirche und werden dort (wie Quellwasser) gefasst. Außerhalb des kirchlichen „Gnadenbehälters" gibt es keine Gnade: „Extra ecclesiam nulla salus."
4. Durch die Sakramente fließen die Gnaden zu den Menschen. So gibt es gleichsam sieben Gnadenkanäle vom Gnadenbecken der Kirche hin zu den Menschen. Dabei wird mitgedacht, dass die Sakramente nicht „automatisch" wirken. Die Gnaden fließen in kleine Trinkgefäße (nämlich die einzelnen Sakramente): „Wen dürstet, der trinke … lebendiges Wasser umsonst" – das „opus operantis" ist also mitbedacht.
5. Bemerkenswert ist das kleine Symbol neben dem kirchlichen Gnadenbecken. An einer Mauer ist ein Wasserhahn angebracht, aus dem das Wasser fließt. Ist es nur ein Missverständnis, wenn darin die „Vollmacht" der Kirche zur Darstellung kommt: zu binden und zu lösen, Sakramente zu spenden und zu verweigern? Ein Wasserhahn hat es in sich, dass er auf- und zugemacht wird. Unschwer wird hier eine vertraute Auffassung vom kirchlichen Amt verständlich: Die Gnade, die vom Kreuz her in das Gna-

---

**46** Zulehner, Paul M.: Von der Versorgung zur Mystagogie. Theologische Implikationen seelsorglicher Praxis, in: Lebendige Seelsorge 33 (1982) 178–179.

denbecken der Kirche fließt, um von dort durch die Gnadenwege der Sakramente zu den Menschen zu gelangen, durchfließt eine Engstelle, die geöffnet und verschlossen werden kann. Öffnen (und gegebenenfalls auch verschließen) ist aber Aufgabe der Priester. So gesehen sind sie das den Gläubigen zugewandte Gesicht einer umfassenden Heils-Hierarchie, die von Gott über Jesus Christus hin zur Kirche und durch die Amtsträger der Kirche zu den Menschen reicht. Priester sind so „Ausspender der göttlichen Geheimnisse", „Verwalter der Sakramente".

6. Die Menschen empfangen in den Sakramenten das Heil. „Ihr (privates) Heil", genauer genommen. Sie werden mit Heil „versorgt", durch das Handeln der Kirche (im Wort) und den Sakramenten. Wer mit diesen Heilsmitteln der Kirche nicht in Berührung kommt, hat im Rahmen dieses theologischen Konzepts wenig Heilschancen. Denn „außerhalb" gibt es ja kein Heil.

## Leutereligion

Neben den schon genannten Gründen (der Mensch als plurales Wesen, volkserzieherisch-religionspädagogische Vereinfachung) gibt es vermutlich noch weitere:

Eine Rolle spielt gewiss die menschheitsalte Grundgestalt der „Leutereligion". Ihr Bestreben ist, mit den destruktiven Kräften des Lebens (Endlichkeit, Schuld, Leid, Not, Krankheit, Tod) fertig zu werden, damit das Leben ganz, heil sein kann. Dazu „dient" dann die verbreitete Religiosität der Leute: Wie ein heiliger Schild sollen Bedrohungen vom Leben (von der Ehe, vom geliebten Kind, vom Todumfangenen und vom verlassenen Hinterbliebenen) fern gehalten und sollen die Hoffnungen geschützt werden (was Religion mit der Funktion des „Heiligen Baldachins" in Beziehung setzt[47]). Solche Wohltat der Religion wird aber nur dann „wirklich" erfahrbar, wenn der Mensch (in wichtigen Situationen seines Lebens, vor allem zu den Lebenswenden[48]) mit dieser bergenden und tröstenden Welt Gottes sinnenhaft in Berührung kommt. Dies geschieht in den überlieferten religiösen Ritualen, die von der religiösen Gemeinschaft behütet und zugänglich gemacht werden. Ein Moment am religiösen Ritual ist der Religions- und Ritendiener, der „Priester". Das Syndrom religiöse Gemeinschaft – Riten – Religionsdiener ist somit im System der Leutereligion tief verwurzelt. Es entspricht fast nahtlos dem herkömmlichen Seelsorgskonzept. So kann vermutet werden, dass die in der Kirche stark gegenwärtige Leutereligion[49] für das überkommene Seelsorgskonzept eine wichtige Stütze ist; noch mehr, dass es auch von vielen Priestern[50] mitgetragen wird.

## Weltliche Vorteile

Nicht zu übersehen ist schließlich, dass diese landläufige Grundkonzeption der Seelsorge für die Kleriker und das Kirchensystem enorm nützlich ist. Die Monopolisierung des Heils in den Händen des Klerus/der Kirche verschafft diesen eine ungeheure Position. Das „Extra ecclesiam nulla salus", unter Bonifaz VIII.[51] zu-

---

**47** Vgl. Berger, Peter L.: Zur Dialektik von Religion und Gesellschaft. Elemente einer soziologischen Theorie, Frankfurt 1973.
**48** Vgl. Zulehner, Paul M.: Heirat – Geburt – Tod. Eine Pastoral zu den Lebenswenden, Wien ⁴1982.
**49** Vgl. Zulehner, Paul M.: Religion im Leben der Österreicher. Dokumentation einer Umfrage, Wien 1981. – Zulehner, Paul M./Hager, Isa/Polak, Regina: Kehrt die Religion wieder? Religion im Leben der Menschen 1970–2000, Ostfildern 2001.
**50** Oraison, Marc: Berufsfindung und Berufung. Soziale und psychologische Grundlagen, Frankfurt 1972.
**51** Bonifaz VIII. (1294–1303) formulierte in der Bulle „Unam sanctam" die „Zweischwertertheorie" als Vorherrschaft des Papstes (geistliches Schwert) gegenüber dem Kaiser (weltliches Schwert).

gespitzt auf die unumgängliche heilsmittlerische Position des Papstes[52], verleiht Kirche und Klerus eine gewaltige, ja fast bedrohliche Macht über die Menschen. Aus der Ordination der einen wurde die Subordination der anderen.

Man hat im Laufe der Zeit diese „heilige Vollmacht" auch reichlich ausgebeutet. Gesellschaftliche Vorrangstellung, wirtschaftliche Vorteile, klerikale Machtausübung durch Heilsangst und Höllendrohung verdanken sich nicht zuletzt auch der dominanten Seelsorgsperspektive. Gewiss wird wieder mancher sagen: Das hätte nicht so sein müssen. Und er hat Recht. Die Tatsachen sprechen dennoch eine harte Sprache. Noch 1971 zum Beispiel stimmte ein Drittel (32%) der österreichischen Weltpriester dem Satz voll zu: „Die Laien müssen den Priestern gehorchen, da die Priester Mittler zwischen Gott und den Menschen sind."[53]

## Veränderung der Seelsorgssituation

Ganz entscheidend für das Entstehen und die Dauerhaftigkeit dieser Seelsorgskonzeption war vermutlich die „pastorale Situation" als Ganze. Die Kirche war mit Staat und Gesellschaft vielfältig verflochten. Das führte dazu, dass die Kirche selbst ihre innere Sozialgestalt sowie ihr Tun weithin an der sie umgebenden Gesellschaft ausrichtete. Auch dort waren die Bürger Untertanen einer kleinen Obrigkeit. Ähnlich waren die Rollenverteilungen in der Kirche. Die Leute hatten es mit einer religiösen, einer geistlichen Obrigkeit zu tun (die vielmals identisch war mit der weltlichen Obrigkeit). Auch war die Seelsorge in Europa tendenziell

---

[52] DS 875. – Vgl. Kern, Walter: Außerhalb der Kirche kein Heil? Freiburg 1979.
[53] Kirche und Priester zwischen dem Auftrag Jesu und den Erwartungen der Menschen. Ergebnisse der Umfragen des Instituts für kirchliche Sozialforschung Wien über „Religion und Kirche in Österreich" und „Priester in Österreich"; bearbeitet und interpretiert von Paul M. Zulehner, Wien 1974, 167.

flächendeckend; in den Missionsländern war die Arbeit von kolonialistischen Interessen stark durchsetzt. Deshalb betrieb die Kirche eine Art „obrigkeitliche Pastoral". Kurz: Die christentümlichen Gesellschaften der nachkonstantinischen, der mittelalterlichen, der nachreformatorischen Gesellschaft waren ein guter Boden für die überkommene Grundkonzeption der Versorgungsseelsorge. Seelsorge hat sozusagen „funktioniert". Es gab lange keinen Grund, das Konzept zu bezweifeln oder gar zu ändern.

Nun kann niemand leugnen, dass diese einstige pastorale Situation weltweit geschwunden ist. Die neuzeitliche Entwicklung, die dramatisch fortschreitende Entflechtung von Kirche, Staat und Gesellschaft, manchmal auch verkürzt und vorschnell „Säkularisierung" genannt, hat die homogene abendländisch-christliche Kultur aufgerieben. Die unter den Bedingungen obrigkeitlicher Pastoral mögliche Volks-, Staats- und Großkirche ist auch bei uns in eine empfindliche Krise geraten. Dabei kann man diese Krise unterschiedlich deuten. Viele sehen in ihr den Niedergang der Hochblüte des Christentums. Man könnte indes auch der Meinung sein, dass die unter starkem politischen und sozialen Konformitätsdruck erzeugte Großkirche historisch eine „Ausnahmesituation" ist. Jetzt, da die politischen und kulturellen Voraussetzungen für eine derartige volkskirchliche Großkirche geschwunden sind, bewegt sich die Sozialgestalt der Kirche eher wieder zur „Normalgestalt", in der eben nur ein Teil der Menschen formell zur Kirche gehört und Glauben und Leben der Kirchengemeinde auch aktiv mitträgt. Weltweit ist die Situation nicht anders. Nach 2000 Jahren ist der Großteil der Menschheit immer noch der Meinung, es ginge auch ohne katholische Kirche und ihren Papst. Eine Milliarde Chinesen, Millionen von Moslems und selbst ein Großteil der Christen sind nicht römisch-katholisch.

In dieser neuen pastoralen Situation stößt das seelsorgliche Versorgungsmodell (wieder) auf nahezu unüberwindliche Schwierigkeiten. Zwar kann es in manchen eher traditionellen Kirchengebieten, die eine Art „christentümlicher Reservate" sind, durchaus noch „funktionieren". Aber es kommt nicht überraschend, dass aufmerksame Christen und tief schürfende Theologen und Theologinnen auch wegen der veränderten pastoralen Situation angefangen haben, die überkommene Grundkonzeption der Seelsorge zu hinterfragen.

**Rahner** Ein Grund des Wandels in der Seelsorgstheologie ist vielleicht die Erfahrung, dass man in eine pastorale Situation hineinkommt, in die die alte Auffassung einfach nicht mehr hineinpasst. Der normale Missionar, der, sagen wir einmal, 1850 nach China kam, hatte noch die Einstellung, wie bringen wir Europäer mit unserem erleuchteteren Christentum (das für ihn selbstverständlich war) die Leute mit der Zeit zu dem Lebensstil, den wir haben? Heute steht er in einer ganz anderen geistigen Situation. Soll er diese Leute alle zur Hölle verdammen? Das traut er sich doch auch wieder nicht. Dann aber muss er für seine Pastoral ein anderes Konzept finden. Und es ist natürlich immer so, dass Elemente dieses Neuen in der alten Tradition zu finden waren. Man entdeckte also neue Potentialitäten, neue Möglichkeiten, die in der alten Seelsorgskonzeption (vielleicht als Hilfskonstruktionen oder hinter diesen) bereits schlummerten, weil uns die heutige profane und kirchliche Situation gleichsam die Nase darauf gestoßen hat.

## Pastorale Futurologie

**Zulehner**  Allerdings kann heute die pastorale Situation nicht mehr nur erlitten werden, sondern muss auch mehr als bisher reflex gesteuert werden. Das hängt damit zusammen, dass heute die Weltgeschichte generell rasanter verläuft und die Möglichkeiten der Planung größer geworden sind.

**Rahner**  Ja natürlich; wir könnten sagen, bis ungefähr in unsere Zeiten des 20. Jahrhunderts hinein waren die Entwicklungen und Verschiebungen der pastoralen Situation und Konzeption im Großen und Ganzen einheitlich, waren nur Faktizitäten (Tatsachen), die erlitten wurden, aber nicht reflex gesteuert wurden. Und zweifellos ist und bleibt die Geschichte immer auch der Gang ins Unberechenbare, Nichtvorausgesehene, in das, was einem zustößt. Trotz dieser unerbittlichen und unausweichlichen Eigentümlichkeit der Geschichte, die man nicht apriorisch entwerfen kann, um sie dann einfach zu exekutieren, gibt es doch heute eine mehr reflexe Futurologie, und zwar auch in der Pastoral.

**Zulehner**  Für die Entwicklung solcher pastoraler „Zukünfte", solcher Szenarios, wäre es aber entscheidend, die in der kirchlichen und theologischen Tradition schlummernden, oftmals ausgeblendeten oder schlicht vergessenen Elemente aufzuspüren, um eine Seelsorgsgrundkonzeption zu finden, mit der die Kirche in der veränderten Situation in unangreifbarer Weise ihren unveränderten Auftrag einigermaßen gut erfüllen kann. Die neuartige pastorale Situation könnte uns ja zwingen, das bislang Fehlende wieder deutlicher zu sehen und daraus für das künftige Handeln der Kirche und ihre Sozialgestalt („futurologisch") Konsequenzen zu ziehen. Das wäre sozusagen die Übergangsstelle zu einer Darstellung des für die heutige pastorale Situation erforderlichen theologischen Grundkonzepts der Seelsorge.

# Mystagogische Seelsorge

In einem Beitrag über „Die bleibende Bedeutung des Zweiten Vatikanischen Konzils" schreibt Karl Rahner: „Früher fragte die Theologie ängstlich, wie viele aus der ‚massa damnata' der Weltgeschichte gerettet werden. Heute fragt man, ob man nicht hoffen dürfe, dass alle gerettet werden. Eine solche Frage, eine solche Haltung ist christlicher als die frühere und ist die Frucht einer langen Reifungsgeschichte des christlichen Bewusstseins, das sich langsam der letzten Grundbotschaft Jesu vom Sieg des Reiches Gottes nähert."[54]

## Universaler Heilsoptimismus

Es ist klar, dass ein solcher universaler Heilsoptimismus für die theologische Grundkonzeption der Seelsorge von längst nicht ausgeloteter Reichweite ist. Dies versteht der sofort, welcher sich erinnert, dass eben das landläufige Seelsorgskonzept zutiefst vom Heilspessimismus (eines Augustinus) inspiriert war.

**Rahner** Die in theologischer Begründung nachweisbare und zum Teil natürlich auch mit Plausibilitäten arbeitende Grundkonzeption heutiger Pastoral versteht die Grundtat Gottes für das Heil nicht (allein) in raumzeitlich einzelnen Interventionen in die Welt, sondern als eine grundsätzliche, allgemeine, apriorische, aber wirksame Berufenheit aller Menschen zum ewigen Leben, so, dass immer und überall das,

---

[54] Rahner, Karl: Die bleibende Bedeutung des II. Vatikanischen Konzils, in: Schriften 14, 1980, 303–318, hier 317.

was wir Gnade, Heiligen Geist nennen, mindestens einmal im Modus des Angebots ein bleibendes und unentrinnbares Existential des Menschen ist.

Deshalb ist auch die Erbsünde nicht einfach das zeitliche dem Heilshandeln Gottes vorausliegende bleibende Existential grundlegender Art des Menschen und der Menschheit. Sie ist vielmehr die Beschreibung einer Unheilssituation, wie sie vom Menschen her allein, unabhängig von der Heilstat Christi, existieren würde. Theologisch recht verstanden ist die Erbsünde somit ein Existential, das bleibend in einem dialektischen Verhältnis zu dem ebenso universalen und bleibenden unentrinnbaren Existential der Begnadetheit des Menschen – natürlich im Modus des Angebots an seine Freiheit – existiert. Man kann also in einem wahren Sinn im Voraus zur freien Entscheidung des Menschen von einem „simul iustus et peccator"[55] reden, wobei der eigentliche Akzent auf dem „iustus" liegen müsste. Die Welt als Ganze ist von vornherein schon unter der Heilsdynamik Gottes, die Gott durch sich selber, durch seine Selbstmitteilung in die Welt immer und überall eingestiftet hat, die er in Hinblick auf Christus auch durchhält, trotz der individuellen und kollektiven Sünde der Welt. Unbeschadet sowohl der Freiheit Gottes in der Schöpfung wie auch der Freiheit in der Gnadenordnung kann man theologisch denken, dass die faktische Wirklichkeit der Welt und der Menschen primär auf dem Ereignis der Selbstmitteilung Gottes beruht und die so genannte Schöpfung von Natur von vornherein und immer in diesem Plan als die Setzung des Adressaten der göttlichen Selbstmitteilung zu verstehen ist.

Natürlich hätte Gott auch eine Welt schaffen können und eine Natur, ohne sich ihr selbst mitteilen zu

---

**55** Beziht sich auf die von Martin Luther aufgestellte Formel, der Christ sei „zugleich gerecht und Sünder", durch welche die Zwiespältigkeit menschlichen Daseins ausgedrückt werden soll. Vgl. Rahner, Karl: Gerecht und Sünder zugleich, in: Schriften 6, Einsiedeln ²1968, 262–276; Pesch, Otto Hermann: Hinführung zu Luther, Mainz 1982, 189–202.

wollen. Faktisch ist das aber nicht so. Die Urkonzeption ist nicht, dass Gott eine Welt schafft und dann hintendrein beschließt, noch mehr aus dieser Welt zu machen, sie also in die „Übernatur" zu erheben. Der ungeheuerliche Urvorgang besteht vielmehr darin, dass Gott die Liebe ist, die sich frei absolut verschwenden und mitteilen will. Weil er sich also an das von ihm Verschiedene wagen will, setzt er das andere von sich.

**Zulehner** Das heißt aber, dass es konkret überhaupt keine andere Geschichte gibt als jene, die Heils- (und Unheils-)Geschichte ist, dass also die Weltgeschichte immer schon Gottes Geschichte mit dieser Welt ist.

**Rahner** Wobei die Schöpfung eben nur ein Moment oder eine Voraussetzung für dieses eigentliche Geschehen in der Geschichte ist. Die Selbstmitteilung Gottes ist daher das primäre, das durchgängige Konzept, während die Schöpfung (lediglich) den Adressaten für diese Selbstmitteilung Gottes schafft.

**Zulehner** Und dies ist ja auch der Grund, warum für die Menschheit das „iustus" als übernatürliches Existential, also als unentrinnbare Ausstattung des Menschen, die seiner Freiheit vorausliegt, gewichtiger ist als das „peccator" des erbsündlichen Existentials. Anders formuliert: Die Heilslage des Menschen, mit dem es die Kirche zu tun hat, ist daher nicht durch und durch heillos, sondern jeder, der in diese Menschheit eintritt, steht in der Spannung zwischen „(Erb-)Sünder" und (noch mehr aber) Begnadetem. Eben darin liegt der theologische Grund für den universellen Heilsoptimismus des Konzils.

Ein solcher theologisch begründbarer universeller Heilsoptimismus muss mit erheblichen Einwänden rechnen. Wenn Gott immer schon am Werk ist, wenn die Unheilsgeschichte immer schon umfangen ist vom allgemeinen Heilswillen Gottes (vgl. 1 Tim 2,4), der ja nicht nur so nebenbei in der Schrift steht, sondern als wirksamer Heilswille gilt (Rahner: „Wenn es im Grund zu 99% oder zu 70% schief geht, dazu bräuchte es kein Kreuz und keine Erlösung, keine Predigt der Gnade!"): Ist dann die Arbeit der Kirche nicht überflüssig? Ist es dann nicht gleichgültig, ob jemand Christ wird oder nicht? Braucht es dann noch die Missionspredigt, die Sakramente? Gibt es nicht auch eine spießbürgerliche Mentalität, nach der ja doch „alle in den Himmel kommen" und deshalb jeder leben kann, wie er nur will? Ist dann nicht libertinistisch alles erlaubt, auch eine konsumgierige und gottlose Mentalität? Was ist zudem mit den harten Worten Jesu, die keinen Zweifel daran lassen, dass jemand verloren gehen kann? Werden diese Aussagen der Bibel nicht alle leichtfertig weggewischt? Solche Fragen können hier nicht ausführlich genug behandelt werden. Nur soviel sei angedeutet:

### Der verbreitete Heilspessimismus der Leute

**Rahner** Müsste man nicht sagen, die Kirche ist in ihrer Pastoral berufen, einen bei den Menschen als selbstverständlich gegebenen Heilspessimismus zu bekämpfen? Man müsste dazu behaupten – aber wie beweist man das? –, dass im Grund genommen der normale Mensch ein abgründig pessimistischer Mensch ist, wenn's um die Interpretation von sich selbst und seinem Leben, seinen Aussichten, etc. geht. Natürlich verdrängt er dies, will es auch nicht wahrhaben und hat dagegen die nötigen Analgetika in seinem Medizinschrank parat. Die Kirche müsste dann kommen und nicht sagen: Gib acht, du kommst sonst in die Hölle, sondern: Du nennst das, wo du hinkommst, zwar nicht die Hölle, aber im Grund bist du davon überzeugt, dass alles letztlich schief ausgeht. Gerade diesem Menschen hätte die Kirche eine Herrlichkeit zu verkünden und eine Unbesiegbarkeit, die in ihm schon gegeben ist und die er nicht wahrhaben will. Es ist also eine Botschaft der Freude, der Befreiung, des Lebens, also des Lachens, die eben zunächst einmal – obwohl sie die Aussage über die wahre Wirklichkeit des Menschen selber ist – auf Skepsis stößt und scheinbar der gängigen und als selbstverständlich angenommenen Erfahrung des Menschen widerspricht.

**Kein billigeres Evangelium**

**Rahner** Wenn man das ein bisschen unterstreichen würde, könnte man auch dem Einwand gegen diese nachkonziliare Seelsorgstheologie entgehen, dass man es den Menschen zu billig macht. Die Botschaft der Kirche behält nämlich in einer durchaus ernsthaften Weise ihre Herausforderung. Ihr Ernst besteht aber darin, dass ich gegenüber diesem ungeheuerlichen Glück zu kleinmütig sein könnte. Die Verkündigung der Kirche sagt ja dann nicht: Du bist im Pfuhl der Hölle und ich ziehe dich dort heraus, sondern: Du bist schon durch die Tat Gottes, der dich nicht fragen muss, tausendmal mehr, als du in deiner Banalität, Primitivität, Spießbürgerlichkeit dir einzugestehen wagst und gewissermaßen, gereizt durch diese Überforderung von Gott her, nicht wahrhaben willst. Insofern behält das Kerygma[56] einer modernen Pastoral seinen fordernden Charakter. Es ist eben gar nicht so leicht für den modernen Menschen, ein Heilsoptimist zu sein.

**Aber die Worte von der Hölle?**

**Zulehner** Wie passt aber dieser Heilsoptimismus zu den harten Gerichtsworten Jesu?

**Rahner** Zu den Worten von der Hölle, von der Gerichtsschilderung mit den zwei Herden, den Böcken und den Schafen; oder zu Paulus, wenn er sagt, wer nicht glaubt, wird verdammt werden?
  Man müsste dazu eine allgemeinere Hermeneutik eschatologischer Aussagen entwickeln. Daraus würde sich ergeben, dass alle eschatologischen Aussagen – ich habe dies vor 20 Jahren schon vorgetragen – keine vorwegnehmende Reportage späterer Ereignisse sind, sondern die Vorausprojektion menschlicher Gegenwartssituation in ihren möglichen radikalen Endzustand. Hölle heißt dann: Das kann mit dir passieren, mit dieser Möglichkeit musst du rechnen! Man könnte dann weiter noch zeigen, dass auch bei Jesus und Paulus Aussagen gegeben sind, die zu den sonstigen „Höllen"aussagen der beiden nicht zu passen scheinen. Man kann Paulus fragen: Wie passt das alles, was du vom kommenden Zorngericht sagst, zu deinem anderen Satz, dass Gott alles in die Sünde verschlossen hat, um sich aller zu erbarmen?[57] Oder wie kann man die Worte Jesu, dass sein Blut für alle vergossen wird, billig auf eine reine Bereitstellung einer Möglichkeit reduzieren und nicht auf die Bewirkung einer Tatsächlichkeit?

---

**56** Kerygma: Verkündigung der Reich-Gottes-Botschaft in Geschichte und Gesellschaft durch von Gott und Kirche Beauftragte.
**57** Röm 11,32. – Vgl. Schlier, Heinrich: Grundzüge einer paulinischen Theologie, Freiburg 1978.

**Wird nicht die Seelsorge überflüssig?**

Schließlich ist aber die für unsere Arbeit an einer postkonziliaren Seelsorgsgrundkonzeption entscheidende Frage zu stellen, wozu es angesichts des theologisch nachweisbaren und vom letzten Glaubensbewusstsein der Kirche nicht verworfenen universellen Heilsoptimismus überhaupt noch eine Kirche und ihre Predigt des Evangeliums gibt, wozu ihre Sakramente, wozu ihre Mission: Wozu also Seelsorge?

## Gnadengeschichte auf Christus hin

Um diese gewichtigen Fragen einer Antwort zuführen zu können, ist es entscheidend zu begreifen, dass zwischen der wirkmächtigen Möglichkeit eines vorausliegenden „Existentials" und seinem „Zu-sich-Kommen", Reifen und Wachsen in der freien Geschichte unterschieden werden muss.

**Rahner** Wenn ich sage, ich bin ein Kind Gottes, dann kann ich das auf eine doppelte Weise verstehen. Ich kann sagen, ich verstehe das Wort „Ich bin ein Kind Gottes" ähnlich, wie wenn ich sage, da drüben hängt etwas Rotes oder dort steht ein Haus. Ich kann aber auch sagen „Ich bin ein Kind Gottes", und nehme dabei diese in einem gewissen Sinne vorgegebene Wirklichkeit in die Freiheit meiner Existenz auf: Wodurch sich freilich diese vorgegebene Wirklichkeit selber noch einmal verwandelt. Genauso können Sie sagen, ich bin Österreicher, ich bin in Wien geboren, etc. Sie können es aber auch so sagen, dass es bedeutet: Ich bin Österreicher und will es auch sein. Ich nehme das also in die freie Verfügung meiner Existenz hinein und dadurch verwandelt sich diese objektive Wirklichkeit, die ich scheinbar nur als vorgegebene Tatsache feststelle, in einer ganz neuen Weise. Insofern ist natürlich die Verkündigung einer Heilssituation (eines unentrinnbar vorgegebenen Existentials) nicht etwas, was zur Konstitution des konkreten Heils nicht dazugehört und nur nachträglich hinterdrein geschickt wird. Sondern es ist ein ereignishafter Selbstvollzug, ein Aufwachsen, ein intensives Geschehen dieser Heilssituation selbst.

## Kirche als Ort der Mystagogie

Eben in diesem freien Gnadengeschehen der Menschheit und der einzelnen Menschen, in dieser Geschichte der freien Annahme der von Gott in der Schöpfung schon eröffneten Möglichkeit („übernatürliches Existential"), dass Gott selbst unser Heil, unsere Seligkeit sein will („Auferweckung"), haben nun Kirche und ihre Seelsorge ihren notwendigen Platz.

Stellen wir einem längeren Gesprächsabschnitt gleichsam ein thesenhaftes Inhaltsverzeichnis voran:
1. Die („embryonale") Begnadigung der mit der Erschaffung des Menschen schon gegebenen wirkmächtigen Heilsberufung kann in vielfältiger Weise „zu sich kommen", also in einer freien Gnadengeschichte aus der Möglichkeit (Existential) zur Wirklichkeit (Existenz) des Heils aufwachsen: in einer (scheinbar) „atheistischen" Form, in einer „religiösen", schließlich aber in einer „christlichen".[58] Diese drei „Formen" sind nicht nebeneinander liegende und dem Belieben des Menschen angebotene Möglichkeiten des Heilserwerbs, sondern auseinander

---

**58** Vgl. Dogmatische Konstitution über die Kirche Lumen gentium 14–16, in: Rahner, Karl – Vorgrimler, Herbert: Kleines Konzilskompendium (KKK). Sämtliche Texte des Zweiten Vatikanums (Herderbücherei 270), Freiburg [11]1976.

hervorgehende Entwicklungsstufen des einen begnadeten Menschseins. Wie weit der einzelne Mensch innerhalb der irdischen Geschichte in dieser aufsteigenden Entwicklung kommt, steht einerseits in der unberechenbaren Verfügung Gottes und ist andererseits eine Frage an die Freiheit des Menschen, der sich einer solchen Weiterentwicklung nicht in heilsgefährdender Schuld versagen darf, wenn sie ihm in seiner Geschichte als konkrete Möglichkeit angeboten wird.
2. Die Kirche gibt es,
- (formal - als Vorgang) damit durch ihre Predigt (und ihre Sakramente) die Menschen solidarisch in ihrer freien Gnadengeschichte Orientierung und Unterstützung finden; dabei betreibt die Kirche „Mystagogie", sie führt also die Menschen ein in jenes Geheimnis, welches ihr Leben immer schon ist, nämlich Gottes Liebesgeschichte mit uns, und bringt so diese Geschichte voran;
- (material-inhaltlich) damit die Gnadengeschichte der Menschheit und der einzelnen Menschen nicht mehr in die vorchristliche Gestalt zurückfällt bzw. zur christlichen Vollgestalt finden kann. Es soll also wirkmächtig in der Geschichte präsent bleiben, dass Gott in Jesus Christus mit seiner Urabsicht, sich dem Menschen zu schenken, endgültig ans Ziel gekommen ist, und zwar in seiner Menschwerdung und in seinem Tod und seiner Auferweckung. Verkündet wird, dass es nicht nur die Möglichkeit der Begnadigung der Welt und jedes einzelnen Menschen gibt (in der Form eines Existentials), auch nicht nur die unscheinbare, noch nicht als christlich identifizierbare Gnaden- und Offenbarungsgeschichte Einzelner/der Menschheit, sondern dass diese Möglichkeit

in eine unwiderrufliche Wirklichkeit übergegangen ist: In Jesus, und zwar in ihm als dem Ersten einer unzählbaren Schar von Geretteten.

**Rahner** Die pastorale Heilstat ist somit nicht die erste Einführung einer göttlichen Heilstat raumzeitlich-punktförmiger Art in die Welt, sondern ist eine Weise, in der diese Gnade (als bleibendes Existential des Menschen) zu sich selber und zu ihrer geschichtlichen Selbstverwirklichung und Entfaltung in der Freiheit des Menschen kommt.

Die Predigt des Evangeliums ist daher die öffentliche kollektive Verkündigung einer nicht nur gleichsam in den Gedanken und den Absichten Gottes bestehenden, sondern durch die gnadenhaft göttliche Selbstmitteilung in der Welt schon realisierten Heils-, Gnaden-, Lebens- und Freiheitssituation; deshalb können von dieser grundsätzlichen, der Freiheit des Menschen immer angebotenen, von ihr anzunehmenden, durch diese Freiheit ihre endgültige Wirklichkeit erhaltenden Heilssituation eben alle diese Prädikate ausgesagt werden (der Freiheit, der Gnade, des Lebens, des Lichtes etc.), die ihre volle Verwirklichung erlangen, wenn sie verkündigt und in freiem Glauben angenommen werden. Die Verkündigung bedeutet also nicht eine dem Heil äußerlich bleibende Kenntnisnahme dieses Heils, in dem sich Gott selber einstiftet in die Welt, sondern ist ein Moment des Zu-sich-selber-Kommens dieses Heiles in der menschlichen Erkenntnis, in Glaube und Freiheit, Hoffnung und Liebe. Erst dadurch bekommt diese Gnade den ihrem Urwesen entsprechenden Vollzug. Das Zusichselberkommen der Gnade ist dabei ein Moment dieser Gnade selbst und ist nicht überflüssig, obwohl die Gnade schon

Rahner: Die pastorale Heilstat ist somit nicht die erste Einführung
einer göttlichen Heilstat raumzeitlich-punktförmiger Art in
die Welt, sondern ist eine Weise, in der diese Gnade (als
bleibendes Existential des Menschen) zu sich selber und zu ihrer
geschichtlichen Selbstverwirklichung und Entfaltung in der Freiheit
des Menschen kommt.

Die Predigt des Evangeliums ist daher die öffentliche kollektive
Verkündigung eines nicht nur gleichsam in den Gedanken und den
Absichten Gottes Bestehenden, sondern durch die gnadenhafte
göttliche Selbstmitteilung in der Welt schon realisierten
Heils-, Gnaden-, Lebens- und Freiheitssituation; deshalb können von dieser
grundsätzlichen, der Freiheit des Menschen immer angebotenen,
von ihr anzunehmenden, durch diese Freiheit ihre endgültige
Wirklichkeit erhaltenden Heilssituation eben alle diese Prädikate
ausgesagt werden (der Freiheit, der Gnade, des Lebens,
des Lichtes etc.) Die Verkündigung bedeutet also nicht eine dem Heil
äußerlich bleibende Kenntnisnahme dieses Heils, indem sich Gott
selber einstiftet in die Welt, sondern ist ein Moment
des Zu-sich-selber-Kommens dieses Heiles in der menschlichen Erkenntnis,
in Glaube und Freiheit, Hoffnung und Liebe. Erst dadurch bekommt diese
Gnade den ihrem Urwesen entsprechenden Vollzug. Das Zusichselberkommen der Gnade ist dabei ein Moment dieser Gnade selbst, und
ist nicht überflüssig, obwohl die Gnade schon vor ihrer Verkündigung "vorhanden" ist. Wir begnügen uns ja auch nicht mit einem
embryonalen Menschsein, obwohl der Embryo schon grundsätzlich ein
Mensch ist, und sagen nicht, alles spätere wäre überflüssig.

Nun ist auch sagen, daß auch außerhalb des institutionell
verfaßten Christentums der Mensch sein Heil wirken kann, daß also,
allerdings in dessen freier Annahme wo immer jemand die Erfahrung des Geistes macht,
sich dieses Zusichselberkommen der Gnade ereignet. Insofern
gibt es natürlich nicht nur eine Heils-, sondern auch eine
Offenbarungsgeschichte, die der Freiheitsgeschichte, der Geschichte
des menschlichen Geistes koexistent ist und nicht eine
Sondergeschichte neben der Menschheitsgeschichte ist.

vor ihrer Verkündigung „vorhanden" ist. Wir begnügen uns ja auch nicht mit einem embryonalen Menschsein, obwohl der Embryo schon grundsätzlich ein Mensch ist, und sagen nicht, alles Spätere wäre überflüssig.

Nun ist allerdings auch zu sagen, dass der Mensch auch außerhalb des institutionell verfassten Christentums sein Heil wirken kann, dass also, wo immer jemand die Erfahrung des Geistes in dessen freier Annahme macht, sich dieses Zusichselberkommen der Gnade ereignet. Insofern gibt es natürlich nicht nur eine Heils-, sondern auch eine Offenbarungsgeschichte, die der Freiheitsgeschichte, der Geschichte des menschlichen Geistes koexistent ist und nicht eine Sondergeschichte neben der Menschheitsgeschichte ist. Sonst könnte das Konzil nicht sagen, dass alle Menschen zu allen Zeiten zu dem allein Heil schaffenden Glauben kommen können (wenn auch vielleicht nur auf eine Gott bekannte Weise), zu einem Glauben, der nur Antwort auf die eigentliche göttliche Offenbarung sein kann. Diese Offenbarung muss also an allen Orten und in allen Zeiten grundsätzlich erreichbar sein, die Offenbarungsgeschichte muss koextensiv zur Freiheitsgeschichte sein, die Offenbarung hat zwar auch selbst eine Geschichte, kann aber selber nicht nur ein partikuläres Ereignis an manchen Orten und in manchen Zeiten sein.

Wo aber nun diese Gnaden- und Heilsgeschichte, die mit der Menschheitsgeschichte deckungsgleich ist, zu ihrem unumkehrbaren (irreversiblen) Höhepunkt kommt, da haben wir das Ereignis Jesu Christi. Von da weg kann die Gnadengeschichte nicht mehr auf ein früheres, vorläufiges Stadium zurückfallen. Der Durchbruch der Absicht Gottes mit der einen Menschheit in Jesus Christus kann nicht mehr zurückgenommen werden.

Von da aus ist die ausdrückliche Botschaft der Kirche zu verstehen. Sie hat diese absolute irreversible Durchgesetztheit im Glauben gegenwärtig zu erhalten. Zugleich bleibt das vollendete Zusichselberkommen der Begnadetheit der Menschheit noch ein ausständiges Ereignis, auf welches das Kerygma der Kirche in eschatologischer Prophetie hinweist. Neben und um dieses ausdrückliche Kerygma der Kirche herum gibt es gewissermaßen immer noch den früheren Zustand des Zusichselberkommens der Gnade und der Offenbarung, wie er vor der eschatologischen Situation als solcher bestanden hat. Ich weiß nicht, ob man das so verständlich ausdrücken kann. Also mit anderen Worten: Warum saugt denn das explizite Reden und Tun der Kirche nicht in der Kirche und erst recht nicht in der Welt alles übrige gnadenhafte Geschehen, auch alle gnadenhafte Bezogenheit auf Gott in ihre Ausdrücklichkeit hinein? Offenbar will das Gott gar nicht unbedingt; will er ein langsameres Tempo der Geschichte seiner Selbstmitteilung. Das ist doch ziemlich wichtig für die Gelassenheit der Kirche. Sie braucht nicht zu sagen: Gott, wo wir nicht gehört werden, da ist nun der Teufel los. Aber sie muss mit ihrem expliziten Bekenntnis bleiben, weil sonst die eschatologische Wirklichkeit Christi selber nicht mehr da wäre, die Menschheit und ihre Gnadengeschichte gewissermaßen in das Vorchristliche zurückgefallen wäre. Zugleich kann sie aber nicht die Totalität des Heilsgeschehens und der Heilsverkündigung sein wollen, weil sie dann im Grund den Anspruch machen würde, das Reich Gottes sei schon vollendet gekommen.

**Zulehner** Können wir denn an dieser Stelle versuchen, den Begriff der Mystagogie einzuführen?[59]

**Rahner** Man könnte vielleicht sagen, christliche Mystagogie ist das Bemühen von jemand, sich oder erst recht einem andern eine möglichst deutliche und reflex ergriffene Erfahrung seiner vorgegebenen pneumatischen Existenz zu vermitteln. Christliche Mystagogie ist auch der Versuch, dem konkreten Menschen verständlich zu machen, dass seine mystische Geisterfahrung ihm geschichtlich greifbar und irreversibel durch Jesus Christus zugesagt ist.

**Heller** Würden Sie sagen, dass solche Mystagogie immer ein individueller Prozess ist, oder kann er auch kollektiv stattfinden?

**Rahner** Letztlich kann diese Mystagogie, weil sich jeder in seiner Einmaligkeit vor Gott zu verantworten hat, nicht einfach schlechterdings in einem kollektiven Geschehen bestehen. Insofern gibt es so etwas wie Individualseelsorge, wobei dann weiter zu fragen wäre, ob diese eigentümliche Individualseelsorge, die es sicher geben muss, notwendigerweise von einem Amtsträger in der Kirche getätigt werden muss.

**Zulehner** Wir könnten aber auf jeden Fall sagen, dass die Kirche den Menschen in jenes Geheimnis einführt (und seine Gnadengeschichte dadurch voranbringt), welches sein Leben im Grund immer schon ist; dass die Kirche also keinen Import Gottes betreibt, sondern den Menschen vor jenen Gott bringt, der im Grunde in seinem Leben immer schon anwesend ist.

---

[59] Vgl. den Abschnitt zu „Notwendigkeit einer neuen Mystagogie", 269–271, aus: Rahner, Karl: Die grundlegenden Imperative für den Selbstvollzug der Kirche in der gegenwärtigen Situation, in: Handbuch der Pastoraltheologie (hg. von Franz X. Arnold u. a.) II/1, Freiburg 1966, 256–276.

**Rahner** Ja. Und wenn auf diese Weise die moderne Pastoralkonzeption von dieser apriorischen Begnadetheit des Menschen ausgeht, sie anruft, sie den Menschen zu sich selber vermittelt, dann bedeutet das natürlich auch, dass man diese Gnade „vermitteln" soll, soweit man kann, also hinein in jene heilsgeschichtliche Situation, in der sie sich jetzt befindet. Denn vor Jesus Christus, dem Gekreuzigten und Auferstandenen, war Gott in seinem Verhältnis zur Welt anders; was er früher in seinen Absichten wollte, was noch eine offene Situation war, ist jetzt in die endzeitliche Phase eingetreten. Gott hat ja nicht nur eine Geschichte gegründet, sondern sich in ihr selber engagiert (das heißt ja: Inkarnation). Die Welt kann daher als Ganze nicht mehr verloren gehen, obwohl sie es von sich aus könnte. Natürlich hebt das nicht die Heilsunsicherheit des Einzelnen in seiner noch offenen Freiheitsgeschichte auf. Aber, so sagt die christliche Verkündigung, in dir und deiner Welt ist Gott nicht nur als innerste Entelechie unausweichlich und von vornherein gegeben (Gott, der sich als er selber mit seiner eigensten Wirklichkeit als eine Entelechie immer und überall eingestiftet hat), sondern diese Geschichte Gottes, seiner Gnade, seiner Zuwendung zur Welt, hat tatsächlich stattgefunden, ist eine Zuwendung Gottes zur Geschichte dieser Welt und diese Geschichte hat von Gott her eine Phase erreicht, die eben eschatologisch ist. Sie kennen doch den Text aus dem Konzil, wo es heißt:

„Das Ende der Zeiten ist also bereits zu uns gekommen (vgl. 1 Kor 10,11) und die Erneuerung der Welt ist unwiderruflich schon begründet und wird in dieser Weltzeit in gewisser Weise wirklich vorausgenommen." Und: „Die Wiederherstellung also, die uns verheißen ist und die wir erwarten, hat in Christus schon begonnen" (Lumen gentium 48).

**Zulehner** Von da weg könnte man ja – wenn man es nicht nur formal definieren will, wie das bisher geschehen ist, sondern auch inhaltlich – definierend sagen: Die uralte Absicht Gottes, sein Heilswille, läuft auf die Auferweckung des Menschen hinaus. Sie ist die geheime Fluchtlinie der Schöpfung von Anfang an und ist in Jesus als einem aus dieser Menschheit endgültig und irreversibel geschehen. Insofern ist die Kirche an dieser siegreichen Auferweckungspraxis Gottes beteiligt und betreibt selbst in der Geschichte Auferweckungspraxis, durch ihre Verkündigung, in ihrer Liturgie und zeichenhaft in ihrer Diakonie.

**Rahner** Wenn man auf diese Weise die Notwendigkeit der Seelsorge der Verkündigung der Kirche deutlich macht, dann darf man dieses kirchliche Ereignis nicht als die einzige Weise verstehen, in der Gnade und begnadete Freiheit und der Mensch als mit Gott verbunden zu sich kommt.

Dennoch darf die Kirche sich nicht als überflüssig betrachten, weil dieser irreversible Sieg der Gnade in der Geschichte auch ausdrücklich verkündigt werden muss und diese Verkündigung zur geschichtlichen Vollgestalt der Gnade in ihrer inkarnatorischen Tendenz gehört. Das ist etwas anderes, als wenn dem Menschen bloß gesagt wird: Wenn du dich annimmst, deine Pflicht tust, gelassen bleibst vor Leben und Tod, kannst du hoffen und hat das Leben seinen Sinn. Gott will aber die Geschichte seiner Selbstmitteilung bis zum vollen Ende und an dieses Ende ist er in Christus gekommen.

**Zulehner** Aber noch einmal, Pater Rahner, ein Schlüsselwort der Verkündigung heißt dann Irreversibilität. Damit ist das positive „historische Faktum" Jesus Christus gemeint.

**Rahner** Ja, und dieses muss auch verkündigt werden. Es muss also notwendig ein explizites Christentum geben, weil das so genannte implizite und anonyme, also bloß pneumatische Christentum der Freiheit und einer absoluten Hoffnung in eine Phase getreten ist, die mit Christus erst gegeben ist, und das zu wissen, ist von dieser Wirklichkeit selbst her prinzipiell gefordert.

Nun kann man natürlich sagen, die anderen kommen auch in den Himmel mit Gottes mühsamen Anstrengungen. Aber wer Christ ist, der kommt besser und schneller, einfacher und sicherer in den Himmel. Das ist zwar eine problematische Aussage, aber man sollte sie nicht schlechterdings verwerfen. Schauen Sie, wenn Sie Kinder hätten, dann könnten Sie auch nicht sagen, wie ich mich und ob ich mich da bemühe, aus diesen Kindern anständige Christen und Menschen zu machen, das ist im Grund genommen gleich, denn so oder so kommen sie auf alle Fälle in den Himmel. Das ist ja für den einzelnen Menschen nicht so ohne weiteres sicher und deswegen besteht trotz der eschatologischen Hoffnung, dass alle eine reale Chance haben, die Notwendigkeit, möglichst gute Voraussetzungen für die Verwirklichung der Heilschance zu schaffen. Und insofern hat auch unter diesem Gesichtspunkt die ausdrückliche Predigt des Christentums, auch wenn sie sich selbst nicht absolut setzt, ihre durchaus verpflichtende Bedeutung.

## Missionspredigt

Zu den vordringlichen Aufgaben schon heutiger, noch mehr künftiger Seelsorge gehört die Grund-Evangelisierung der Menschen, und zwar heute überwiegend von getauften Menschen, morgen vielleicht von ungetauften. Dazu kommt, dass die Aufgabe der Evangelisierung auch bei jenen nicht aufhört, die angefangen haben, einmal Christen zu werden, „weil der Glaube ja nicht etwas ist, was der Mensch einmal erwirbt, um ihn dann wie eine in sich ruhende, unbewegliche Tatsache zu besitzen. Vielmehr ist der Glaube wesentlich immer angefochtener und ein in einem geschichtlich-geistigen Prozess des steten Neuerwerbs, der Vertiefung, der immer neuen Konfrontierung mit anderen Daseinserfahrungen dauernd werdender Glaube, auch dort gerade, wo er aus der Glaubensgnade und einer schon getroffenen Glaubensentscheidung hervorgeht." Dann ist zu sagen, dass die „Missionspredigt"[60] die Hauptform der kirchlichen Verkündigung ist und bleiben wird.

Eben für diesen Hörer der Missionspredigt kann, auf dem Hintergrund der bisherigen Überlegungen zur postkonziliaren Theologie der Seelsorge, Folgendes angenommen werden:

„Dieser missionarische Aufruf setzt, theologisch gesehen, immer schon den ‚anonymen Christen' im Hörer voraus. Wir verkünden immer nur, was der Hörer schon verehrt, ohne es zu kennen (Apg 17,23); wir rufen den Menschen an, dem Gott sich von Ewigkeit her zugedacht hat, dem er sich in seiner Gnade vielleicht schon so mitgeteilt hat, dass er selber von diesem Menschen schon angenommen und dieser Mensch schon gerechtfertigt ist. Wir müssen bei der Missionspredigt die Gnade voraussetzen, die uns immer schon zuvorge-

---

**60** Vgl. Rahner, Karl: Die missionarische Predigt, in: Handbuch der Pastoraltheologie I, Freiburg 1964, 220–229.

kommen ist und so den möglichen Hörer der Predigt schon konstituiert hat; die Gnade, die ihn eigentlich zu sich selbst, d. h. zu dem Gott bringt, der in Gnade seine innerste (angebotene, angenommene oder abgelehnte) Wirklichkeit ist. Die Missionspredigt müsste in Inhalt und Predigtweise diese Voraussetzung, die Gott ihr schon gegeben hat, realisieren."[61]

**Rahner** Es ist doch so, dass Sie keine formale Didaktik und Religionspädagogik und keine formale Kerygmatik konzipieren können, wenn Sie das Materialinhaltliche weglassen. Das ist zuweilen, glaube ich, die Grunddummheit vieler moderner Katecheten oder Katechetiktheoretiker, die von Interkommunikation und Informationsprozessen reden usw., aber was da eigentlich vermittelt werden soll und dass das, was vermittelt wird, reziprok auf die Weise der Vermittlung zurückschlägt, wird dann meistens übersehen.

Karl Rahner hat diese Überlegungen dem heiligen Ignatius in einer Rede an einen Jesuiten in den Mund gelegt: „Der Mensch kann Gott selber erfahren. Und eure Seelsorge müsste immer und bei jedem Schritt dieses Ziel unerbittlich vor Augen haben. Wenn ihr die Scheuern des Bewusstseins der Menschen nur mit eurer noch so gelehrten und modernisierten Theologie erfüllt, in einer Weise, die letztlich doch nur einen schrecklichen Wortschwall erzeugte, wenn ihr die Menschen doch nur zu gehorsamen Untertanen eines fernen Gottes machen würdet, der durch eine kirchliche Obrigkeit vertreten wäre, wenn ihr den Menschen nicht über all das hinaushelfen würdet, letztlich alle greifbaren Versicherungen und Einzelerkenntnisse loszulassen im getrosten Fall in jene Unbegreiflichkeit, die keine Wege mehr hat, helfen würdet, dies fertigzubringen in den letzten,

---

[61] AaO. 220.

schrecklichen Ausweglosigkeiten des Lebens und in den Maßlosigkeiten der Liebe und der Freude und dann radikal und endgültig im Tod (mit dem gottverlassenen sterbenden Jesus), dann hättet ihr in eurer so genannten Seelsorge und missionarischen Sendung meine ‚Spiritualität' doch vergessen und verraten."[62]

Für die praktische Seelsorgsarbeit, aber auch für die Grundhaltung des Seelsorgers lassen sich weitere Folgerungen ableiten, wobei hier zunächst noch jeder Christ als Seelsorger und jede Christin als Seelsorgerin verstanden wird. Eine erste Folgerung ist das Zutrauen in die Menschen, mit denen wir zusammentreffen. Wir dürfen getrost, bei Getauften und Ungetauften, annehmen, dass in jedem Menschen Gott schon längst am Werk ist, als seine innerste Sehnsucht nach dem ganzen, dem heilen Leben, nach dem Frieden, nach entgrenzter Freiheit, nach letzter Geborgenheit. Wir können annehmen, dass nicht nur der Mensch nicht ruht, bis er ruht in Gott, sondern dass auch Gott nicht ruht, bis er ruht im Menschen. Nur deshalb gibt es die Menschheit, deshalb gibt es den einzelnen Menschen, auch jenen, mit dem der Seelsorger es zu tun hat.

**Heller** Sie haben schon wiederholt gesagt, der Christ von morgen muss ein Mystiker sein oder er wird nicht sein. Dahinter steht aber doch die Annahme, dass es gestufte Erfahrung von mystischem Erleben gibt.

**Rahner** Ja, und das rufen Sie an, setzen Sie voraus und insofern ist die Unterscheidung der Predigt an Getaufte und Ungetaufte nur mit höchster Vorsicht zu machen.

Wir argumentieren ja oft, dass durch die Taufe eine gnadenhafte ontologische Verstehensmöglichkeit in die Leute eingesenkt ist, die die anderen nicht

---

[62] Rahner, Karl: Rede des Ignatius von Loyola an einen Jesuiten von heute, in: Schriften 15, 1983, 373–408.

haben. Aber das ist von unserem Grundprinzip her gar nicht selbstverständlich. Man darf vielmehr die gnadenhafte Dynamisiertheit des Menschen bei allen voraussetzen.

Umgekehrt müsste deshalb jede Predigt in einem gewissen Sinn einen fundamental-theologischen Unterbau haben, zumindest im Kopf des Predigers. Ich meine, eine päpstliche Enzyklika ist, trotz der Anrede an alle Brüder und Schwestern in der ganzen Welt und an alle Menschen guten Willens, doch meist noch viel zu binnenkirchlich formuliert. Ich würde sagen, weil es sehr viele gibt, die nicht getauft sind, sehr viele, bei denen in ihrer existentiellen Heilsgeschichte die Taufe praktisch keine weitere Bedeutung hat, und drittens, weil der – das scheint mir heute fundamental wichtig zu sein – heutige, auch der brave Katholik in dieser atheistischen Welt und Situation lebt, deswegen müsste jede Glaubensunterrichtung auch fundamentaltheologisch untermauert sein.

**Zulehner** Die Predigt geschieht somit immer unter der Voraussetzung des Schwundes von ehemaligen Selbstverständlichkeiten, wird daher immer Missionspredigt sein.

Dabei können wir aber darauf vertrauen, dass viele Menschen nicht nur von Gott her innerlich verlockt, aufgerufen sind, sondern dass sie in einer oftmals unscheinbaren Weise in ihrer freien Gnadengeschichte schon ein weiteres Stück vorangekommen sind; also im Grund gerechtfertigt sind. Gibt es doch viele unscheinbare Erfahrungen des Geistes und der Gnade. Karl Rahner hat in seinen Veröffentlichungen und Reden dafür viele Beispiele genannt. Grundsätzlich handelt es sich um Beispiele, die sich um die Themen Nächstenliebe, Hoffnung auf die Zukunft und die Bereitschaft zum Tod drehen.[63] Von besonderer Anschaulichkeit ist die folgende Sammlung von Beispielen, die alltägliche, vorkirchliche Erfahrungen des Geistes und der Gnade enthalten, unabhängig von der Frage, ob dieser Mensch getauft ist oder nicht, Christ ist oder – wie das Konzil im zugespitzten Extremfall annimmt – ein Atheist: „Wer nämlich das Evangelium Christi und seine Kirche ohne Schuld nicht kennt, Gott aber aus ehrlichem Herzen sucht, seinen im Anruf des Gewissens erkannten Willen unter dem Einfluss der Gnade in der Tat zu erfüllen trachtet, kann das ewige Heil erlangen. Die göttliche Vorsehung verweigert auch denen das zum Heil Notwendige nicht, die ohne Schuld noch nicht zur ausdrücklichen Anerkennung Gottes gekommen sind, jedoch, nicht ohne die göttliche Gnade, ein rechtes Leben zu führen sich bemühen. Was sich nämlich an Gutem und Wahrem bei ihnen findet, wird von der Kirche als Vorbereitung für die Frohbotschaft und als Gabe dessen geschätzt, der jeden Menschen erleuchtet, damit er schließlich das Leben habe" (Lumen gentium 16).

Hier sind Beispiele von Alltagserfahrungen der Gnade, wie sie Karl Rahner in einer früheren Veröffentlichung aufgeführt hat:[64]

„Da ist einer, der mit der Rechnung seines Lebens nicht mehr zurecht kommt, der die Posten dieser Rechnung seines Lebens aus gutem Willen, Irrtümern, Schuld und Verhängnissen nicht mehr zusammenbringt, auch wenn er, was ihm oft unmöglich scheinen mag, diesen Posten Reue hinzuzufügen versucht. Die Rechnung geht nicht auf, und er weiß nicht, wie er darin Gott als Einzelposten einsetzen könnte, der Soll und Haben ausgleicht. Und dieser Mensch übergibt sich mit

---

**63** Vgl. Rahner, Karl: Jesus Christus, in: HTT 4, Freiburg 1972, 25–54.
**64** Rahner, Karl: Erfahrung des Heiligen Geistes, in: Schriften 13, 1978, 226–251, hier 239–242.

seiner unausgleichbaren Lebensbilanz Gott oder – ungenauer und genauer zugleich – der Hoffnung auf eine nichtkalkulierbare letzte Versöhnung seines Daseins, in welcher eben der wohnt, den wir Gott nennen, er lässt sich mit seinem undurchschauten und unkalkulierten Dasein vertrauend und hoffend los und weiß selbst nicht, wie dieses Wunder geschieht, das er selber nicht noch einmal genießen und als seinen selbstgetanen Besitz sich zu Eigen machen kann.

Da ist einer, dem geschieht, dass er verzeihen kann, obwohl er keinen Lohn dafür erhält und man das schweigende Verzeihen von der anderen Seite als selbstverständlich annimmt.

Da ist einer, der Gott zu lieben versucht, obwohl aus dessen schweigender Unbegreiflichkeit keine Antwort der Liebe entgegenzukommen scheint, obwohl keine Welle einer gefühlvollen Begeisterung ihn mehr trägt, obwohl er sich und seinen Lebensdrang nicht mehr mit Gott verwechseln kann, obwohl er meint, zu sterben an solcher Liebe, weil sie ihm erscheint wie der Tod und die absolute Verneinung, weil man mit solcher Liebe scheinbar ins Leere und gänzlich Unerhörte zu rufen scheint, weil diese Liebe wie ein entsetzlicher Sprung ins Bodenlose aussieht, weil alles ungreifbar und scheinbar sinnlos zu werden scheint.

Da ist einer, der seine Pflicht tut, wo man sie scheinbar nur tun kann mit dem verbrennenden Gefühl, sich wirklich selbst zu verleugnen und auszustreichen, wo man sie scheinbar nur tun kann, indem man eine entsetzliche Dummheit tut, die einem niemand dankt.

Da ist einer, der einmal wirklich gut ist zu einem Menschen, von dem kein Echo des Verständnisses und der Dankbarkeit zurückkommt, wobei der Gute auch nicht einmal durch das Gefühl belohnt wird, ‚selbstlos', anständig und so weiter gewesen zu sein.

Da ist einer, der schweigt, obwohl er sich verteidigen könnte, obwohl er ungerecht behandelt wird, der schweigt, ohne sein Schweigen als Souveränität seiner Unantastbarkeit zu genießen.

Da ist einer, der sich rein aus dem innersten Spruch seines Gewissens heraus zu etwas entschieden hat, da, wo man solche Entscheidung niemandem mehr klarmachen kann, wo man ganz einsam ist und weiß, dass man eine Entscheidung fällt, die niemand einem abnimmt, die man für immer und ewig zu verantworten hat.

Da gehorcht einer, nicht weil er muss und sonst Unannehmlichkeiten hat, sondern bloß wegen jenes Geheimnisvollen, Schweigenden, Unfassbaren, das wir Gott und seinen Willen nennen.

Da ist einer, der verzichtet, ohne Dank, Anerkennung, selbst ohne ein Gefühl innerer Befriedigung.

Da ist einer, der restlos einsam ist, dem alle farbigen Konturen seines Lebens verblassen, für den alle verlässlichen Greifbarkeiten zurückweichen in unendliche Fernen, der aber dieser Einsamkeit, die wie der letzte Augenblick vor dem Ertrinken erfahren wird, nicht davonläuft, sondern sie in einer letzten Hoffnung gelassen aushält.

Da ist einer, der erfährt, dass seine schärfsten Begriffe und intellektuellsten Denkoperationen auseinanderfallen, dass die Einheit des Bewusstseins und des Gewussten im Zerbrechen aller Systeme nur noch im Schmerz besteht, mit der unermesslichen Vielfalt der Fragen nicht mehr fertig zu werden und sich doch nicht an das klar Gewusste der Einzelerfahrungen und der Wissenschaften halten zu dürfen und halten zu können.

Da ist einer, der merkt plötzlich, wie das kleine Rinnsal seines Lebens sich durch die Wüste der Banalität des Daseins schlängelt, scheinbar ohne Ziel und mit der herzbeklemmenden Angst, gänzlich zu versickern. Und doch hofft er, er weiß nicht wie, dass dieses Rinnsal die unendliche Weite des Meeres findet, auch wenn es ihm noch verdeckt ist durch die grauen Dünen, die sich vor ihm scheinbar unendlich auszubreiten scheinen.

So könnte man noch lange fortfahren und hätte vielleicht dann dennoch gerade jene Erfahrung nicht beschworen, die diesem und jenem bestimmten Menschen in seinem Leben die Erfahrung des Geistes, der Freiheit und der Gnade ist. Denn jeder Mensch macht sie ja nach der eigenen geschichtlichen und individuellen Situation seines je einmaligen Lebens. Jeder Mensch! Nur muss er sie vorlassen, gleichsam ausgraben unter dem Schutt des Alltagsbetriebs, darf ihr, so sie leise deutlich werden will, nicht davonlaufen, darf sich nicht von ihr ärgerlich abwenden, als ob sie nur eine Verunsicherung und Störung der Selbstverständlichkeit seines Alltags und seiner wissenschaftlichen Klarheit sei.

Lassen Sie es mich noch einmal sagen, obwohl ich nur nochmals dasselbe mit fast denselben Worten wiederhole: Wo die eine und ganze Hoffnung über alle Einzelhoffnungen hinaus gegeben ist, die alle Aufschwünge, aber auch alle Abstürze noch einmal sanft in schweigender Verheißung umfängt,

- wo eine Verantwortung in Freiheit auch dort noch angenommen und durchgetragen wird, wo sie keinen angebbaren Ausweis an Erfolg und Nutzen mehr hat,
- wo der Sturz in die Finsternis des Todes noch einmal gelassen angenommen wird als Aufgabe unbegreiflicher Verheißung,
- wo die Summe aller Lebensrechnungen, die man nicht selber noch einmal berechnen kann, von einem unbegreiflichen anderen her als gut verstan-

den wird, obwohl man es nicht nochmals ‚beweisen' kann,
- wo die bruchstückhafte Erfahrung von Liebe, Schönheit, Freude als Verheißung von Liebe, Schönheit, Freude schlechthin erlebt und angenommen wird, ohne in einem letzten zynischen Skeptizismus als billiger Trost vor der letzten Trostlosigkeit verstanden zu werden,
- wo man in eine schweigende Finsternis hinein zu beten wagt und sich auf jeden Fall erhört weiß, obwohl von dort her keine Antwort zu kommen scheint, über die man noch einmal räsonieren und disputieren kann,
- wo man sich loslässt, ohne Bedingung, und diese Kapitulation als den wahren Sieg erfährt,
- wo Fallen das wahre Stehen wird,
- wo die Verzweiflung angenommen und geheimnisvoll nochmals als getröstet ohne billigen Trost erfahren wird,
- wo der Mensch alle seine Erkenntnisse und alle seine Fragen dem schweigenden und alles bergenden Geheimnis anvertraut, das mehr geliebt wird als alle unsere uns zu kleinen Herren machenden Einzelerkenntnisse,
- wo wir im Alltag unseren Tod einüben und da so zu leben versuchen, wie wir im Tode zu sterben wünschen, ruhig und gelassen,
- wo ... (man könnte, wie gesagt, noch lange weiterfahren)
- da ist Gott und seine befreiende Gnade."

Bei allen diesen angedeuteten Erlebnissen[65] setzen wir voraus, dass darin eine in Freiheit angenommene Transzendenzerfahrung von Unbegrenztheit und Unbedingtheit gemacht wird, die von der zuvorkommenden

---

[65] Im Rahmen des Gespräches hat Karl Rahner seinem soeben zitierten Text aus den Schriften zur Theologie diesen Absatz hinzugefügt.

Gnade Gottes auf die Unmittelbarkeit Gottes hin radikalisiert ist. Wenn wir diese Voraussetzung nicht machen dürften, wäre nicht einzusehen, wie es nach der Lehre des Konzils Glaube, Rechtfertigung und Heil auch in den Menschen geben könnte, die keine explizite Zustimmung zur ausdrücklich christlichen Botschaft geleistet haben, weil diese ihnen nicht begegnet ist oder jedenfalls nicht in einer solchen Weise, dass ihre Nichtannahme schwere Schuld bedeuten würde.

Die theologische Aussage, dass wir darauf vertrauen können, dass Gott vor unserer seelsorglichen Arbeit schon längst am Werk ist, wird uns auch ermutigen, als Christen von anderen, auch von Nichtchristen, selbst von „Ungläubigen" zu lernen. Kann es nicht sein, dass Gott uns durch die anderen, durch die Fremden, etwas zu sagen hat?

Noch mehr gilt dies für den Innenbereich der Kirche. Die vertrauensvolle Zuversicht, dass Gott nicht nur in der amtlichen Seelsorge am Werk ist, sondern schon längst zuvor an den Menschen wirksam handelt, rechtfertigt das Grundprinzip aller wirklichen Gemeindekatechese, dass Menschen gläubige Erfahrungen längst gemacht haben und daher auch in der Lage sind, einander davon zu erzählen, und dies zum Aufbau der Gemeinde. Eine Christengemeinde kann dann geradezu als der bevorzugte Ort beschrieben werden, wo diese gläubigen Erfahrungen ausgetauscht werden und im Kontext der überlieferten Botschaft des Evangeliums ihre reflex christliche Gestalt erreichen.

Schließlich kann das Wissen um die zuvorkommende, auch ohne uns schon wirksame Gnade viele von uns und die Kirche als Ganze gelassen machen. Wir können dort, wo wir mit unserem seelsorglichen Bemühen nicht vorankommen, weil wir zu wenige sind, keine Zeit haben, „erfolglos" bleiben, immer noch damit rechnen, dass die innere Heilsdynamik Gottes in diesem Menschen am Werk bleibt und sich durchsetzen kann. Wir haben keinen Grund mehr zu gleich welcher seelsorglichen Hast. (Wir können mit der Taufe eines Kindes warten, bis alle Beteiligten, vor allem auch die Mutter, zum Mitfeiern in der Lage sind. Wir können auch viel gelassener den Zeitpunkt des Ehesakraments bestimmen.) Wir können darüber hinaus auch damit rechnen, dass die einzelne Glaubens- und Gnadengeschichte ein Auf und Ab kennt, ein einmaliges Ereignis, eine individuelle Liebesgeschichte Gottes mit diesem Menschen ist, und wir haben keinen Grund, nur deshalb daran zu zweifeln, weil es nicht in unsere überlieferten pastoralen Ordnungen hineinpasst. Der Seelsorger hat gewiss das Recht und die Pflicht, an den Menschen bestimmte Forderungen heranzutragen (der Kindertaufe, der kirchlichen Eheschließung, bestimmter moralischer Forderungen usw.). Aber er kann nicht behaupten, dass der Kairos, um die Verpflichtung dieser Forderungen zu erkennen, bei jedem Menschen immer und jederzeit gegeben sein müsse oder diesen Forderungen immer nur schuldhaft ein Nein entgegengesetzt werde. Der Seelsorger muss reden und verkündigen, aber geduldig warten, bis Gott die Zeit verfügt, in welcher der Same seines Wortes aufgehen kann und soll.

Umgekehrt führt dieses Wissen nicht zu einem desinteressierten pastoralen Laxismus. Ein solcher wäre ebenso verwerflich wie ein krampfhafter „Pastoralfaschismus", der sich in harten Formen des seelsorglichen Umgangs mit den Menschen ausdrückt, in Nötigung, im Hantieren mit der Todes- oder der Sinnfalle, in Formen administrativer Verweigerung von Sakramenten. Der Laxist hat nicht verstanden, dass die Seelsorge ein solidarischer Dienst am Wachstum der gewiss freien Gnadengeschichte des Einzelnen ist. Er hat zwar

Recht, wenn er sagt, dass das Entscheidende nicht die Kirche macht; dass die Seelsorge nicht der Anfang der Heilsgeschichte des einzelnen Menschen ist, sondern Mystagogie, also ein Einführen des Menschen in jenes Geheimnis, welches das Leben im Grund immer schon ist, nämlich Gottes Liebesgeschichte mit jedem Menschen. Der Laxist übersieht dabei, dass es neben dieser „expressiven Funktion" noch so etwas gibt wie eine kirchlich-soziale Unterstützung in der weiteren Entfaltung der Heilsmöglichkeiten des Menschen. Die menschliche Freiheit ist immer solidarische Freiheit. Das bedeutet aber, dass wir füreinander Heilsverantwortung haben.[66] Dies führt zu einer seelsorglichen Grundhaltung, die man nicht mit dem blassen Wort des unverbindlichen „Angebots" einfangen kann;[67] schon geeigneter sind Wörter wie „dringliche Einladung", „gewinnen", „bewegen", „überzeugen", „sich um jemanden mühen", „an ihm interessiert sein", was soviel bedeutet, wie dabei zu sein: inter-esse. Damit gewinnt die Seelsorge eine bedeutsame „instrumentale Funktion", sie zeigt nicht nur Zusammenhänge auf, sondern treibt solidarisch die freie Entwicklung des Menschen, treibt die Gnadengeschichte des Menschen wirksam voran.

**Zulehner** Jedenfalls ist kirchliches Tun ein Moment an der raumzeitlichen Übernahme des irreversibel siegreichen Heils, wobei diese raumzeitlich geschichtliche Übernahme durch die freien Subjekte sehr vielfältig sein kann, in der namenlosen atheistischen Annahme (Lumen gentium 16) oder aber in der benennbaren, ausdrücklichen, auf Jesus Christus hin thematisierten Annahme: Das wäre die kirchliche Form.

---

**66** Vgl. Rahner, Karl: Versöhnung und Stellvertretung, in: Schriften 15, 1983, 251–264.
**67** Vgl. Zulehner, Paul M.: Helft den Menschen leben. Für ein neues Klima in der Pastoral, Freiburg ⁶1982, 66–73.

**Rahner** Man muss natürlich bei dieser Vielfältigkeit betonen, dass diese verschiedenen Formen nicht einfach beliebig nebeneinander stehen, so wie man den einen Pfeifentabak rauchen kann oder ebenso gut einen anderen. Vielmehr sind es verschiedene Phasen eines einen und selben totalen Vorgangs. Die anonym-atheistische Annahme Gottes und seiner Gnade ist einerseits der Grundvorgang mit der Konnotation: nur so. Aber so wie ich sage, die Menschwerdung geschieht im Akt der Zeugung durch die Verbindung von Ei und Sperma, und dann ist ein Mensch da, so ist dieser Mensch doch dazu da, erst ein Mensch zu werden. Ich kann mich also nicht von vornherein mit dem fundamentalen Vorgang allein begnügen. Die atheistische Annahme Gottes ist so gesehen der noch unentwickelte Grundvorgang; von ihm muss gesagt werden, dass er vorläufig noch nicht weitergegangen ist, aber weitergehen könnte und daher auch müsste. Ein alter Dogmatiker hat dies einmal so formuliert: Sie können keinem Embryo eine Bux anziehen. Aber der Embryo ist dazu da, dass man ihm einmal eine Bux anziehen kann.

## Sakramente

Kirche entsteht, ereignet sich nicht nur im Wort, sondern „auch" im Sakrament. Dabei sind diese drei Begriffe und die damit gemeinte Wirklichkeit weit enger miteinander verflochten, als viele oberflächlich annehmen. Die Kirche selbst wird nämlich auf dem Zweiten Vatikanischen Konzil und in der ihm vorausarbeitenden Theologie[68] „Sakrament" genannt: „Die Kirche ist ja in Christus gleichsam das Sakrament, das heißt Zeichen

---

[68] Vgl. Lehmann, Karl: Neuer Mut zum Kirchesein, Freiburg 1982, 24–35.

und Werkzeug für die innigste Vereinigung mit Gott wie für die Einheit der ganzen Menschheit" (Lumen gentium 1). Sie gilt als Sakrament des Heils der ganzen Welt. Als glaubende Gemeinschaft ist sie die Anwesenheit, Präsenz der siegreichen Gnade Gottes, verlässlich, ohne Trug und Täuschung, „unfehlbar" (im ursprünglichsten Sinn dieses Wortes). Sie ist Sakrament, so das Konzil in Anlehnung an die alte Theologie, weil sie eine unsichtbare Wirklichkeit sichtbar macht und wirksam voranbringt. Die unsichtbare Wirklichkeit, das ist Gottes Handeln im Herzen der Menschheit, damit an Jesus und damit mit allen, die vor und nach ihm und in ihm Mitglieder dieser Menschheit geworden sind bzw. noch werden. Diese innere Wirklichkeit (Rahner spricht da immer von der „Selbstmitteilung Gottes an den Menschen"[69]) will ja gewissermaßen nicht nur im „Grundwasser des Menschen" etwas machen, sondern sie ist selbst erst vollendet, wenn sie in der glaubend-liebenden Annahme auch im verbalisierten (worthaften) und sogar institutionalisierten, sozialisierten Bewusstsein ankommt.

Die Kirche ist somit selbst Sakrament, weil sie anschaulich macht, was Gott mit allen Menschen vorhat, und dies zugleich vorantreibt: in dem, was sie ist, wovon sie redet, was sie tut. „Anschaulich machen (Zeichen sein)" nennt die Bergpredigt: „Ihr seid das Licht der Welt" (Mt 5,13). „Vorantreiben (Werkzeug sein)" bewirkt die Kirche als „Salz der Erde", als Sauerteig in der Menschheit. Wer mit der Kirche, ihrem Wort, ihren Sakramenten in Berührung kommt, dem wird klar, was er als heimliches Sehnen seines Herzens schon erahnt, was er in vielfältigen (vorkirchlichen) Erfahrungen des Geistes schon erlebt hat: dass seine Geschichte und die Geschichte der einen Menschheit, der er angehört, Gottes Geschichte mit uns ist, in der er sich am Ende

---

**69** Vgl. Rahner, Karl: Selbstmitteilung Gottes, in: HTT 7, Freiburg 1973, 35–38.

selbst als Seligkeit uns schenken wird; was wir wissen, weil es in Jesus Christus als dem Ersten von uns schon begonnen hat.

Nun geschieht dieses Wirken der Kirche durch ihre (missionarische) Predigt, durch die Verkündigung. Davon unterscheidet die herkömmliche Theologie das Handeln der Kirche in den (sieben) Sakramenten (die freilich untereinander noch einmal mehr verschieden als ähnlich sind). Die theologischen Abgrenzungsstrategien zwischen Katholiken und Protestanten haben diese Unterscheidung zwischen der Verkündigung des Wortes und der Spendung der Sakramente ungebührlich zugespitzt. Der Zusammenhang zwischen beiden wurde nach und nach so verdunkelt, dass man bei den Protestanten nahezu nur noch auf das heilsmächtige Wort und bei den Katholiken auf die heilsmächtigen Sakramente setzte.

Doch ist der Unterschied zwischen dem wirkmächtigen Wort und den Sakramenten kleiner, als noch mancher Christ annimmt.

**Rahner** Die Streitereien von früher mit den Protestanten scheinen mir überholt zu sein. Das Wort hat ja ursprünglich einen „exhibitiven" Charakter, das heißt, die ausgesagte Wirklichkeit ereignet sich, indem sie sich aussagt. Nun hat aber eben dieses „exhibitive Wort" unterschiedliche Intensitätsgrade. Das absolute exhibitive Wort von Gott her sind nun eben die Sakramente. Wort und Sakrament sind also nicht einfach zwei nebeneinander liegende Dinge, sondern verschiedene Intensitätsgrade des einen Vorgangs, in dem sich die Kirche als das „exhibitive" Zeichen der göttlichen siegreichen Gnadenpräsenz in der Welt darstellt. Dieser Vorgang hat seine verschiedensten Weisen und Intensitätsgrade: Zwei reden nur miteinander, einer mahnt den anderen wirklich; einer bezeugt in einer intensiveren Weise seinen Glauben; einer spricht im sakramentalen Geschehen (in einer sich ex opere operato[70] verstehenden Weise) dem anderen im Wort die ausgesagte Wirklichkeit selber zu.

**Zulehner** Dann sind eben die Sakramente nicht eine Art „Import von Gnade", eine „Verteilung Gottes", sondern eine besondere (kirchliche) Erfahrung davon, dass Gott sich in Liebe von Anfang an an den Menschen verschwendet, Gott also immer schon das letzte Geheimnis dieses menschlichen Lebens ist, wobei im kirchlich-sakramentalen Tun (ebenso wie in der Verkündigung) diese werbende Nähe Gottes in eine besondere wirkmächtige Form, in eine freie Annahme durch den Menschen übergeht.

**Rahner** Das ist bei den Sakramenten absolut so. Und dieses theologische Verständnis der Sakramente würde auch folglich dazu führen, dass sie sich besser in das reale Leben einfügen. Sakramente – zumindest die sechs ohne die Eucharistie, die ja nur schlecht in eine allgemeine Sakramentenlehre hineinpasst (wenn man sie nicht auf die Kommunion verengt) – Sakramente sind also Geschehnisse, in welchen sich die Kirche an eine konkrete, fundamentale Heilssituation eines Einzelnen wendet.

**Zulehner** Das, was sich in der Kirche als der Gemeinschaft der Glaubenden grundsätzlich ereignet, wird in bestimmten Lebenssituationen des Christen noch einmal konkretisiert, damit in einem gewissen Sinn sowohl individualisiert (es geschieht in diesem einmaligen Leben), als auch umgekehrt das Leben des Ein-

---

**70** Ex opere operato: Christus selbst handelt im rituellen Vollzug der sakramentalen Handlungen. Vgl. Rahner, Karl: Kirche und Sakramente (Quaestiones Disputatae 10), Freiburg ³1968.

zelnen so zu einem Moment des Lebens der Glaubensgemeinschaft wird.

Wir können, wie bei der Missionspredigt, auch für die Sakramente die eine oder andere praktische Frage anschneiden. Vor allem geht es um das Verhältnis von persönlicher Heilsgeschichte (der „res sacramenti") und dem raumzeitlichen Ereignis der Sakramentenspendung (dem „sacramentum tantum"). Wie ist das wünschenswerte Verhältnis der beiden Momente des „Zusichselberkommens" der Gnade in der von der Kirche mitgetragenen freien Annahme durch den einzelnen Menschen: der inneren Geschichte und dem kirchlichen Zeichenhandeln? Der Gesprächsausschnitt geht sowohl auf den Zusammenhang von „Mystagogie" und Sakramentenspendung als auch auf das zeitliche Zueinander von persönlicher Begnadigung und Zeitpunkt der Sakramentenspendung ein:

**Zulehner** Es wäre nun ja gut, wenn man das alles auch an Beispielen aus der Sakramentenseelsorge zeigen könnte. So kann man doch bei der Taufe eines Erwachsenen annehmen, dass normalerweise bei der Taufe selbst die gnadenhafte Geschichte im Leben dieses Menschen schon weit vorangekommen sein muss, wenn die Taufe als Sakrament überhaupt sinnvoll sein soll.

**Rahner** Und umgekehrt muss eine richtige Sakramentenspendung immer begleitet sein von einer, nennen wir es wieder so, Mystagogie in jene Wirklichkeit, für die das sakramentale Geschehen als solches nur das Signum, das Realsymbol ist und nicht selber damit identisch ist. Ich will Ihnen ein Beispiel erzählen. Die Mutter von Frau XY war schwerkrank. Sie ist im

Krankenhaus. Sie „praktiziert" nicht, geht nicht zur Kirche. Da wacht sie also aus der Narkose auf. Da steht ein Pfarrer vor ihr und schiebt ihr die Kommunion in den Mund. Und ich habe hinterdrein gehört, dass das dort nicht nur ein Zufall war, sondern der Normalfall der Praxis.

**Zulehner** Das ist das unerwünschte Beispiel eines isolierten Sakramentenspendens.

**Rahner** Das ist eine Sakramentenmagie.

**Zulehner** … wobei Magie wahrscheinlich von den Ursprüngen her etwas viel Menschlicheres, Besseres bedeutet als einen solchen Vorgang. Was folgt daraus aber für das zeitliche Zueinander von innerer Glaubengeschichte (in welche die Kirche mystagogisch einführt und die als freie Geschichte vorankommt) und der Sakramentenspendung? Diese Frage ist ja für die gegenwärtige Sakramentenpastoral nicht belanglos. Nehmen wir ein Beispiel, das heute viele Seelsorger beschäftigt. Da verknüpfen zwei (getaufte) Menschen ihre Lebensgeschichten, werden ein stabiles Liebespaar, ziehen zusammen, haben durchaus auch einen Sinn für den christlichen Glauben, lesen dann und wann das Evangelium, tauchen auch hin und wieder im Gottesdienst auf. Ihre gegenseitige Verantwortung, Fürsorglichkeit, ihr Respekt voreinander, ihre Liebe ist zweifellos schon ein Moment an ihrer gemeinsamen Heilsgeschichte. Von da aus stellt sich ja die Frage, wie das Zueinander beschaffen ist von der gemeinsamen Geschichte, die schon gelebt wird, zur Trauung selber, also zur kirchlichen Feier des Ehesakraments. Dabei wird doch vielfach unwillkürlich unterstellt, dass, weil in der Trauung das Ehesakrament gespendet wird, dabei Gott „erstmals" in die „natürliche Geschichte" hinzukommt; manchmal wird von da aus auch abgeleitet, dass eheliche Beziehungen zwischen Mann und Frau nunmehr sittlich erlaubt und gut sind, während dies vorher nicht der Fall ist.

**Rahner** Es gibt selbstverständlich eine faktische und sicher manchmal auch unvermeidbare und legitime Zeitdifferenz zwischen dem Zeitmoment des sakramentalen Vorgangs als solchem und der existentiellen Realisation des durch den sakramentalen Vorgang Bezeichneten.

**Zulehner** Die existentielle Realisation kann vorausgehen oder auch nachkommen.

**Rahner** Ich bin zum Beispiel mit 14 Tagen erst getauft worden und musste nachher noch ein Christ werden, wenn ich's fertig gebracht habe; hoffen wir's. Da ist also der sakramentale Vorgang von der Kirche selbstverständlich und auch merkwürdig unproblematisch vorausverlegt. Unlängst habe ich ein sechsjähriges Kind getauft. Warum die Eltern sechs Jahre gewartet haben, weiß ich nicht. Aber sie haben das Kind sicher gut vorbereitet.

Umgekehrt gibt es natürlich auch existentielle Vollzüge, denen dann das sakramentale Geschehen erst nachfolgt.

**Zulehner** Muss man nicht sagen, bei der Ehe, bei den Erwachsenensakramenten insgesamt, müsste dies eigentlich so sein?

**Rahner**  Tun wir einmal langsam. Bei der Buße ist das auf jeden Fall selbstverständlich, nach Thomas von Aquin sogar gefordert, von der Kirche vorausgesetzt.

**Zulehner**  … dass einer die contritio, die vollkommene Reue, die rechtfertigt, in die Beichte mitbringt.

**Rahner**  Jetzt kann die Frage also nur sein, welche solcher Fälle legitim sind und welche nicht. Kann man zunächst nicht bei der Trauung sagen, dass die Frage nach dem ehelichen Verkehr vor der Trauung zunächst einmal mit der amtlichen Trauung nicht unmittelbar zu tun hat, sondern eine Frage nach der vollmenschlichen Moral ist? Danach sollte der eheliche Vorgang der vollen Hingabe auch mit der entsprechenden inneren unbedingten Liebe einer Endgültigkeit und einer letzten Verantwortung vollzogen werden. (Wobei natürlich die weitere Frage ist, ob das heute die Leute auch verstehen. Das ist wohl nicht so.) Es kann zweifellos im Voraus zu einer kirchlichen Trauung eine solche gegenseitige Liebe geben, dass ein späterer Bruch eine schwere Schuld bedeuten würde. Wesentliche Momente, die die christliche Lehre der Ehe zuerkennt, kommen nicht aus der sakramentalen Trauung rein als solcher, sondern gehen dieser in sich und ihrer Begründung voraus. Dann ist einfach mindestens einmal die Frage gegeben, wie sich diese beiden sachlich verschiedenen Wirklichkeiten zeitlich zueinander verhalten müssen. Muss die gemeinte existentielle Wirklichkeit immer sofort („quamprimum", wie man hinsichtlich der Kindtaufe sagt) ihre äußere, zeitpunkthafte, soziale, kirchliche Erscheinung (und Bekräftigung) mit sich bringen oder kann zwischen beidem auch ein etwas längerer Zeitraum liegen, wenn gute Gründe dafür sprechen? Man kann vielleicht verwundert fragen, warum die Kirche bei der Ehe die „res sacramenti" nur in zeitlich sofortiger Verbindung mit der Trauung (dem sacramentum) als gegeben anerkennt, sich aber durchschnittlich wenig Sorge darüber macht, ob beim „sacramentum" auch wirklich die „res sacramenti" gegeben ist.[71]

**Zulehner** Kann man sich aber dann zum Beispiel nicht vorstellen, dass man von Brautleuten, die das Ehesakrament empfangen wollen, verlangt, dass sie zuerst standesamtlich heiraten und sodann an einer Gruppe teilnehmen, in der so etwas geschieht wie die „Mystagogie", die gläubige Einführung in ihre Liebesgeschichte, die ja Gottes Geschichte mit ihnen ist, und dass sie erst dann, vielleicht nach drei Jahren, feierlich in der Kirche getraut werden? Ähnlich wie bei der Taufpastoral wäre dann gleichsam nur das „quamprimum" aufgelöst, dass man also „möglichst rasch", möglichst früh tauft, traut. In einem solchen Beispiel würde das „quamprimum" auf drei Jahre ausgedehnt.

**Rahner** Nehmen wir zuvor noch ein anderes Beispiel. Einen analogen Fall hatten wir früher zum Beispiel in der Konversionskasuistik, auch wenn er beim heutigen Stand der ökumenischen Frage für die meisten überholt erscheinen mag. Es kommt zu Ihnen ein evangelischer Pfarrer und sagt: Ich bin davon überzeugt, dass die römisch-katholische Kirche die einzig wahre Kirche ist. Ich gebe zu, dass ich vor Gott und meinem Gewissen die Pflicht habe, in sie einzutreten. Aber schauen Sie, sagt der Pastor, in fünf Jahren bin ich emeritiert und kann in Frieden meine

---

**71** Vgl. Karl Rahner im Gespräch 1: 1964–1977, hg. von Paul Imhof und Hubert M. Biallowons, München 1982, 230–239.

Pfarrerpension beziehen. Oder er kommt zu Ihnen und sagt, in zwei Jahren ist meine krebskranke Frau tot, kann ich noch zwei Jahre warten? Dann werden traditionell die Moraltheologen sagen: Du hast die innere Gläubigkeit und kannst ihre kirchenamtliche Notifikation noch eine Zeitlang verschieben; das macht nichts.

**Zulehner** Kann man nicht an dieser Stelle zwei bzw. drei Prinzipien formulieren, indem man sagt: An sich, generell, gibt es eine wünschenswerte Nähe zwischen dem existentiellen Vorgang und der kirchlich-sakramentalen Präsentation. Zweitens aber scheint es vielfältige Gründe zu geben, dass diese beiden Momente auseinanderrücken, und zwar in unterschiedlicher Weise, indem also entweder zuerst der existentielle Vorgang kommt und dann das sakramentale Ereignis (wie bei der Erwachsenentaufe), oder umgekehrt, dass zuerst das sakramentale Ereignis vollzogen wird und die existentielle Übernahme nachfolgt (wie bei der Kindertaufe). Wenn aber die beiden Momente an sich schon zeitlich mehr oder weniger weit auseinanderfallen, dann hat (drittens) jene Möglichkeit den Vorrang, in der der existentielle Vorgang vorausgeht statt nachfolgt.

**Rahner** Wie ist das aber etwa bei einer Bußandacht? Zwar muss da einer nach gegenwärtiger Auffassung nachher seine schweren Sünden beichten. Doch wird zugleich vorausgesetzt, dass die Bußandacht natürlich eine Wirkung hatte, also rechtfertigt. Wollen Sie jetzt den Kasus der nachhinkenden kirchlichen Trauung als legitim verteidigen?

**Zulehner** Für manche mutige Überlegungen hinsichtlich der Vorbereitung auf ein gläubig empfangenes Ehesakrament wäre das zweifellos hilfreich.

**Rahner** Könnte man nicht zu Ihrem Eheseminar sagen: Die Kirche will in ihrem Eheseminar nur Leute haben, die einen ernsthaften Ehewillen haben, und weil heute eine ernsthafte Eheabsicht kaum noch präsumiert werden kann, verlangen wir, dass sie staatlich getraut sind. Was die Leute miteinander während dieser Zeit tun, billigen wir nicht, wir nehmen es einfach hin. Man verkehrt ja mit dem afrikanischen Häuptling auch in großer Freundschaft, obwohl man weiß, dass er vorläufig, weil er einen Harem hat, nach den normalen Prinzipien nicht getauft werden kann.

Ein biblisches Beispiel für die Spannung zwischen persönlicher Glaubensgeschichte und deren sakramentaler Verleiblichung ist die Erzählung von der Begegnung zwischen Philippus und dem Äthiopier. Nachdem Philippus den Hofbeamten der äthiopischen Königin, der zumal nach Jerusalem gekommen war, um Gott anzubeten, in das Christusgeheimnis eingeführt, ihm also das Evangelium Jesu verkündigt hatte, da sagte der Kämmerer: „Hier ist Wasser. Was steht meiner Taufe noch im Weg?" (Apg 8,36)

Dies wäre sicherlich auch ein gutes pastorales Handlungsprinzip für die gesamte Sakramentenpastoral (bei Erwachsenen). Nach der mystagogischen Einführung in das Geheimnis, welches das Leben des Menschen immer schon ist, sollten die Menschen von sich aus sagen: Was hindert noch die Taufe, das Ehesakrament, die Beichte etc.?

So könnte man sich vorstellen, dass wir künftig eine große Gelassenheit entwickeln zum Beispiel in der Hinführung der Menschen zum Sakrament der Ehe. Natürlich kann hier das Problem der „Ehen ohne Trauschein" nicht ausführlich untersucht werden. Nur soviel kann als gesichert gelten, dass diese Form „entgesellschafteter" und damit auch „entkirchlichter Ehe" nicht zuletzt für eine Gesellschaft typisch ist, die den Lebensbereich persönlicher Beziehung (und damit die Liebesbeziehungen) in einem dramatischen Ausmaß privatisiert hat. Von da aus wäre zunächst der Dienst der Kirche etwa in der Ehevorbereitung zu sehen als „mystagogische" Einführung der Menschen in das, was sie bereits recht und schlecht leben; dabei gilt es, das Leben in die Glaubenssprache zu übersetzen. Auf jeden Fall wäre die fatale Nebenwirkung der Einführung der Formpflicht durch das Tridentinum zu überwinden, dass heutzutage Menschen sagen, erst wenn ich mit der Kirche zusammenkomme, also vor dem amtlichen Zeugen heirate, dann hat unser gemeinsames Leben auch mit der Forderung der Bergpredigt zu tun. Es ist aber doch so, dass es heute zweifellos „Scheidungen" von eheähnlichen Beziehungen gibt, bevor diese in die volle, amtliche Öffentlichkeit kommen, und dies mit allen unerwünschten Nebenwirkungen einer Trennung von Liebenden. Ähnliches gilt ja auch von den nur standesamtlich geschlossenen Ehen, die nach dem Bewusstsein der Leute (und ja auch vor dem Recht der Kirche) keineswegs „unauflöslich" sind. Ist dies aber existentiell und gemessen an der uneingeschränkten Treueforderung Jesu an Mann und Frau, die ihre Lebensgeschichten verbindlich verknüpfen und miteinander alt werden wollen, aufrechtzuerhalten? Unsere theologischen Überlegungen zum mystagogischen Seelsorgskonzept lassen uns vielmehr sagen: Eure gemeinsame

Geschichte, die immer mehr auf eine Gestalt hinwächst, die wir dann (wenn sie öffentlich bekundet wird, aber lange Zeit in der Geschichte auch anders) „Ehe" nennen, ist immer schon Gottes Liebesgeschichte mit euch. Er hat euch zusammengeführt. Gott will euch füreinander, damit das Leben gelingen kann, denn zu einem Leben in Frieden hat Gott euch berufen: ein Satz, der in unmittelbarem Zusammenhang mit der Lösung eines Ehekasus steht (1 Kor 7,15).

Die Kirche könnte also zunächst in dieses Geheimnis der gemeinsamen Liebesgeschichte einführen. Wider alle heutige Resignation, ob ein solches gemeinsames Leben in Frieden auf Dauer überhaupt noch möglich ist, kann sie sagen: Seid nicht kleinmütig, euer Wunsch ist keine zynisch-unlebbare Illusion. Ihr könnt dieses Glück leben, weil es euch als Möglichkeit von Gott her eröffnet ist.

Dann aber, wenn Menschen dieses Geheimnis ihrer Liebesgeschichte begriffen haben (und dahin ist heute auch bei Katholiken oft ein weiter Weg; gefordert ist daher pastorale Geduld, ohne Zwang und jede Hast) und wenn sie in eine Christengemeinde eingebunden sind, werden sie sagen: Was hindert uns, dass wir daraus ein großes Fest unserer Kirchengemeinde machen, die Feier der Trauung begehen und inmitten der Glaubengenossen Gott preisen, dass er uns zusammengeführt hat; wobei in diesem Fest gleichsam im Zeitraffer, wie in einem Schauspiel, szenisch das bisherige und künftige Leben dargestellt, auf dem Boden der gläubigen Erfahrungen der Christen gedeutet wird; damit wird aber die Feier selbst (ex opere operato) zu einem weiteren Aufwachsen, zu einem wirksamen Zusichselberkommen der Gnade, die aber nicht erst jetzt in die Ehe hineingebracht wird, sondern von Anfang an in der Geschichte der beiden wirksam war. Was hindert es, dass wir getraut werden? Das wäre die pastoral optimale Situation einer kirchlichen Trauung, gesprochen von Leuten, die schon längst nach Jerusalem hinaufziehen, um Gott anzubeten, und denen anlässlich der Verkündigung des Evangeliums Jesu deutlich wird, dass eben das Geheimnis ihres Lebens, das sie Gott nennen und das sie schon lange suchen, im Grund auch das Geheimnis ihrer gemeinsamen Liebe ist.

## Wer macht die Arbeit der Kirche?

Wir erinnern uns: Im Rahmen des landläufigen Seelsorgskonzepts nimmt der Priester im Heilshandeln der Kirche eine ausschließliche Stellung ein: Er allein ist aktiv, die Leute sind passiv. Bei ihm liegt die ganze Heilsverantwortung für seine anvertrauten Pfarrkinder. Er sorgt sich, sie werden versorgt. Er ist „Subjekt der Seelsorge", sie sind Objekt. Seelsorge ist daher immer Seelsorge „an" den Menschen: an den Kindern, an den Jugendlichen, an den Fernstehenden, an den wiederverheirateten Geschiedenen, an den Heiden.

Anders im Grundkonzept „mystagogischer Pastoral".

**Rahner** Zunächst einmal ist natürlich jedes Mitglied der Kirche in einem wahren Sinne von Christus zu seinen Brüdern und Schwestern und zur Welt mit einem Auftrag gesandt. Jeder Christ soll ja dieses sakramentale Zeichen des Heiles der Welt, das die Kirche ist, als ihr Glied aufrechterhalten, er soll mitwirken, damit es deutlich greifbar und gelebt wird, damit es sich vergrößert. Jeder hat seine eigentümliche Sendung, die nicht jeder in der gleichen Weise haben kann und die ein Moment ist an der totalen Sendung der Kirche.

Deshalb kann die Kirche auch gar nicht anders, wenn sie die bleibende Präsenz der Irreversibilität und Sieghaftigkeit der Gnade in der Welt ist und bleiben will, als immer Leute zu werben, die konkret diese Funktion in der Welt auf sich nehmen.

**Zulehner** So gesehen ist dann ja die Berufung des Menschen zum Christen nicht allein eine Berufung zu seinem privaten Heil, sondern sie ist eine Berufung von Gott, dieses Heilssakrament der Kirche aufzubauen und lebendig zu erhalten. Gemessen an der Berufung aller Menschen zum Heil ist somit die Berufung zur Kirche eine Sonderberufung. Christ bin ich also nicht allein, auch nicht in erster Linie um meines eigenen Heiles willen, sondern um des Heiles der vielen Menschen willen.

**Rahner** Natürlich darf man das jetzt nicht zu kontrapunktisch ausspielen. Dass ich Christ geworden bin, ist zweifellos eine positive Chance für mein Heil; das ist doch eine christliche Selbstverständlichkeit …

**Zulehner** … das läuft sozusagen mit; aber ich muss ja auch sagen, genauso will und wirkt Gott auch das Heil des anderen, des Atheisten. Meine Aufgabe als Christ ist es aber, dies dem Atheisten durch mein Leben, mein Bezeugen des Evangeliums, durch mein gottesdienstliches Feiern erkennbar zu machen.

**Rahner** Nein, diese beiden Funktionen bedingen sich gegenseitig, weil schon einmal die Liebe zum Nächsten und die Heil wollende Liebe zu sich selber eine gegenseitige Bedingtheit haben. Und insofern können Sie natürlich ruhig formulieren: Wenn einer sich prinzipiell weigern würde, für den anderen die Funktion des eschatologischen Zeichens innerhalb der Kirche zu übernehmen, dann würde er auch sein eigenes Heil verspielen.

**Zulehner** Ja, schon. Aber noch einmal: Ich war unlängst in Wien und ich gehe aus von der These, dass Gott das Heil aller Wiener will. Dann kommt die Frage, wozu es in dieser Stadt eine Kirche gibt, eine Kirche von Wien, und komme – im Anschluss an die bekannten Bilder der Bergpredigt vom „Licht der Welt" und vom „Salz der Erde" – zu der Kernthese: Es gibt die Kirche in Wien, damit in dieser Stadt nicht vergessen wird, dass Gott in Jesus Christus das Heil aller Wiener sein will; es gibt also den Christen in Wien nicht allein deswegen, damit er sicher in den Himmel kommt, sondern damit Gottes Geschichte mit den Bewohnern dieser Stadt sichtbar und vorangetrieben wird, damit Gott das Heil für alle wird.

**Rahner** Es muss dann natürlich dem Einzelnen deutlich gemacht werden, dass er sich von dieser Funktion nicht dispensieren kann mit dem Hinweis darauf, andere hätten sie ja auch nicht.

**Zulehner** Aber der Einzelne wird dann nicht nur von der Kirche mit dem Heil versorgt, sondern wird sozusagen selbst ein Moment am universellen Heilssakrament der Kirche und nimmt teil an ihrem Leben und Wirken.

**Rahner** Ja, und nur dadurch, dass er diese Funktion übernimmt, die Gott gerade ihm in seiner individuellen Providenz zugemutet hat, rettet er auch seine eigene Seele. Er kann also nicht sagen, Gott, das sollen andere tun!

**Zulehner** Von da weg könnte man ja eine sehr tief gehende Spiritualität der Kirchlichkeit des einzelnen Christen entwickeln, also eine Spiritualität der Berufung des Einzelnen zum Aufbau jener Kirche und ihrer Gemeinden, die das in der Geschichte aufgerichtete Sakrament des Heils der ganzen Welt ist.

Natürlich ist hier wiederum nicht der Raum zu entfalten, wie die aktive Mitwirkung jedes Christen am Glauben und Leben der Kirche und einer Kirchengemeinde konkret aussieht. Dazu müssten die biblischen Grundlagen (z. B. 1 Kor 12–14) näher untersucht werden, eine praktische Charismenlehre wäre zu entwerfen. Es wäre zu zeigen, wie sich von diesen Ursprüngen her, durch eine Art „pastorales Schisma" hindurch die konkrete Gestalt der Kirche tief greifend gewandelt hat: Aus lebendigen Gemeinden wurden kirchliche Einheiten, in denen Kleriker und Laien „hart" gegenüberstanden, wo auch wenige Amtschristen zu einem „Gemeindeersatz" wurden, die gegenüber der großen (und oft auch allzu schnell bekehrten) Masse von Kirchenmitgliedern zuständig waren für ein christliches Leben aus dem radikalen Geist des Evangeliums. Nur noch diese Amtschristen nannten sich (was früher unter allen Christen üblich war) untereinander Brüder; für sie galt die evangelische Provokation von Armut, Gehorsam und jungfräulichem Dem-Herrn-Entgegengehen, sie wussten, was ein Christ wirklich und ausdrücklich zu glauben hatte (fides quae). Die einfachen Leute hingegen konnten sich mit einem impliziten Glauben begnügen, das heißt, es reichte, wenn sie einschlußweise glaubten, was die Kirche glaubte, der Glaubensakt (fides qua) wurde wichtiger als die Glaubensinhalte; auch mutete man den einfachen Christen die Forderungen Jesu an seine Jünger nicht mehr radikal zu. Solch eine Situation war durchzuhalten, weil das Christentum gesellschaftlich stark gestützt war und eine „obrigkeitliche Pastoral" eine starke Bindung der Leute an die Kirche garantierte. Diese Zeiten der engen Verflechtung von Kirche-Staat-Gesellschaft sind aber längst vorbei oder zumindest in einem tief greifenden Prozess der Umgestaltung begriffen. In einer ersten Reaktion suchte der Klerus – immer noch „Gemeindeersatz", immer noch eine Art „Kirche für das Volk", immer noch alleiniger Träger der Seelsorge – für sich Mitarbeitende unter den Laien. Doch ist in den letzten Jahrzehnten, durch gediegene theologische Arbeit begleitet, bei vielen das historisch verkürzte Selbstverständnis des Laien überwunden worden. Immer mehr Christen erkennen wieder ihre unabgebbare Berufung, das Leben und den Glauben ihrer Kirche mitzutragen. Immer mehr sagen: Kirche seid nicht nur ihr, die Priester; Kirche ist nicht nur, wo das Amt ist, während „außerhalb des Amts" bestenfalls „verdünnte" Kirche ist. Kirche ist nicht nur Kirche für das Volk (repräsentiert durch das Amt oder aber auch durch pastorale Experten einer hochspezialisierten Kirche), sondern sie ist dabei, immer mehr, wie in den Anfängen, Kirche des Volkes zu werden, in der die vielen, die bewusst Christen geworden sind, in einer neuen Form der Miteinanderverantwortung das Leben und Wirken der Kirche tragen. Subjekt der Seelsorge, Träger der Pastoral sind somit nicht nur die „Amtlichen", sondern zunächst die vielen, die in einer Art Grundevangelisierung entdeckt haben: „Aus einer Gemeinde, die sich pastoral versorgen lässt, muss eine Gemeinde werden, die ihr Leben im gemeinsamen Dienst aller und in unübertragbarer Eigenverantwortung jedes Einzelnen gestaltet."[72]

---

[72] Synodenbeschluss: Die pastoralen Dienste in der Gemeinde, 1.3.2 (602). – Vgl. dazu auch: Weß, Paul: Ihr alle seid Geschwister. Gemeinde und Priester, Mainz 1983. – Zulehner, Paul M.: Priestermangel praktisch. Von der versorgten zur sorgenden Pfarrgemeinde, München 1983.

# Amt in der mystagogischen Kirche des Volkes

In einer Kirche, die ein vertieftes Verständnis von Seelsorge entfaltet hat, die in diesem Vorgang die uralte Berufung jedes Christen zur Mitarbeit am Leben und Wirken dieser Kirche und ihrer Gemeinden behauptet und tatkräftig fördert, vertieft sich auch das Selbstverständnis des Amtes, darunter auch des Priesteramtes, mit.

### Grundamtlichkeit

**Rahner** Von der Sendung aller Christen her muss nun die spezielle Amtskerygmatik entwickelt werden. Hier ist zunächst eben zu sagen, dass (existential-ontologisch) die heilige Gemeinschaft der Glaubenden als irreversibel siegreiche Präsenz der Selbstzusage Gottes ontologisch und logisch vor dem Amt in der Kirche ist. (Dies ist zumindest von da an der Fall, da die Kirche durch das Zeugnis der Auferweckungszeugen „gezeugt" worden ist.) Das ergibt sich ja schon daher, dass nach katholischen Prinzipien nur der ein Amt haben kann, der getauft ist, wenn er also zur Gemeinde der Glaubenden gehört.

Nun kann man ja weiter fragen, welches das Verhältnis zwischen der Kirche als heiliger Gemeinschaft der Glaubenden als unwiderruflich siegreicher Anwesenheit der Selbstzusage Gottes und dem Amt in der Kirche ist. Da bräuchte man ja zunächst nichts dagegen haben, wenn man das Amt als solches – im Unterschied zu den Aufgaben, Fähigkeiten und Funktionen eines jeden Christen – von den soziologischen Notwendigkeiten und Bedürfnissen der Kirche als der Gesamtheit der konkreten Gemeinden ableitet. Dabei bestimmt sich allerdings – und das ist ja auch wieder selbstverständlich – die Funktion, Aufgabe und Eigenart eines solchen kirchlich begründeten Amtes von der konkreten Eigenart dieser Gemeinde, in der diese soziologische Funktion notwendig ist. Eben von da aus, so meine ich, könnte man zunächst einmal verdeutlichen, dass die Herkünftigkeit des Amtes durch die Sendung von Christus und die Herkünftigkeit des Amtes von der soziologischen Notwendigkeit einer konkreten Gemeinde- und Kirchenstruktur keine unversöhnbaren Gegensätze sind.

Denn wenn und insofern die sakramentale Glaubensgemeinde als „signum efficax"[73] durch die Tat Gottes in der Welt ist und sie als solche einen Auftrag und eine Sendung hat, dann gibt es doch, unbeschadet der Mitgliedschaft des Einzelnen in dieser Gemeinschaft, doch auch ein Gegenüber zwischen dieser Gemeinschaft und dem Einzelnen; und deswegen auch ein Gegenüber zwischen der amtlichen Repräsentanz dieser Gemeinschaft und dem Einzelnen. Mit anderen Worten: Eine radikale Abhängigkeit des Amtsträgers von den einzelnen Menschen der Kirche als Einzelne ist unkatholisch und unchristlich und im Grund ein Unsinn.

Wieweit übrigens ein solches demokratisches Verständnis in einer profanen Gesellschaft denkbar ist, lassen wir dahingestellt sein. Darf zum Beispiel ein Staatsmann sagen, wenn nächstens in demokratischen Vorgängen einmal ein großer Unsinn beschlossen wird, dann werde ich in einer Verantwortung, die nicht einfach von der Masse her delegiert ist, nach Kräften und unter Beobachtung der demokratischen Spielregeln dafür sorgen, dass dieser Be-

**73** Signum efficax: wirksames, wirkmächtiges Zeichen.

schluss aus der Welt kommt? Schon da gibt es also eine gar nicht so einfache gegenseitige Spannung zwischen der Repräsentanz der Gesellschaft und der Masse der Leute, wo die Repräsentanz sich nicht einfach in der Beauftragung durch die Bürger erschöpft. Und so etwas gibt es erst recht in der Kirche, weil diese Kirche durch das Wort Gottes und seine Setzung und durch die irreversible Wirklichkeit Christi gesetzt ist, und eben nicht von „unten her" beschlossen worden ist.

**Zulehner** Man kann also sagen, das Amt gibt es auf jeden Fall deswegen – um es einmal negativ abzugrenzen –, damit die Kirche nicht zurückfällt in eine gut organisierte Versammlung religiös Bedürftiger oder besonders Begabter, positiv: Amt gibt es, weil die Kirche ihre Herkunft einem Handeln Gottes an den Menschen, die in Christus geeinigt sind, verdankt.

**Rahner** Ja, und sie hat die Autorität, der sündigen Welt das Heil zu verkünden, von Gott her. Das ist nicht ihre eigene Erfindung. Ihre Sachautorität ruht, wenn man will, in der freien Verfügung Gottes, der sich selbst mitteilt. Eben in dieser Sachautorität handelt die Kirche, und nicht in der Autorität ihrer einzelnen Gemeindemitglieder.

Entscheidend für unsere Überlegungen zur Theologie der Seelsorge ist, dass nun alle drei, Kirche, Wort und Sakrament, letztlich die gleiche „Wirkweise" haben. Sie sind raumzeitliche Momente an einem Gnaden- und Heilsgeschehen, welches selber weit umfassender ist, weiter reicht als das sozial greifbare Tun der Kirche. Sie sind ein Moment des „Zusichkommens", des Aufwachens, der freien Annahme jener Gnade, die dem Menschen im Voraus zu diesem Geschehen in der Form der Möglichkeit, der Sehnsucht nach dem letzten Geheimnis des Lebens, nach Gott schon längst wirksam geworden ist. Sakramente sind somit nicht „Einfallstore" der Gnade in ein ansonsten gnaden- und gottloses Leben. Sie sind vielmehr in Raum und Zeit, in der sinnenhaften Geschichte des Menschen persönlich und zugleich kirchlich erfahrbare Momente an der andauernden Liebesgeschichte Gottes mit uns. An einem kleinen Gesprächsausschnitt können wir den Unterschied zwischen dem Verständnis der Sakramente im landläufigen Konzept der „Versorgung" und dem Verständnis innerhalb einer „mystagogischen Auffassung" von Seelsorge darstellen.

**Zulehner** Die herkömmliche Seelsorgskonzeption beruht einseitig auf diesen beiden Prämissen der Schöpfung und der Erbsünde und sagt daher grundsätzlich, das Heilsgeschäft Gottes ist (allein) raum-zeitlich, punktförmig. Das ist die Schlüsselstelle. Daraus folgt, dass es ohne Kirche kein Heil gibt (was eine sehr verengte Deutung des „extra ecclesiam nulla salus" ist), daraus folgt auch die zentrale Rolle der Taufe (und in Verbindung damit der übrigen Sakramente), damit schließlich die unumgehbare Rolle des kirchlichen Amtes.

**Rahner** Hier sind die Sakramente verstanden als Primärereignisse des Heils überhaupt, während sie viel richtiger zu verstehen sind als die kirchlichgesellschaftlich letzte symbolhafte Verleiblichung eines universalen gnadenhaften Geschehens.

**Merkmale des Amtlichen**

Der entscheidende Ertrag des bisherigen Gesprächs über das Amt in der Kirche ist somit: Die Kirche hat selbst eine Art Grundamtlichkeit, damit nicht in Vergessenheit gerät, dass die Kirche ein Moment des freien Handelns Gottes an der Menschheit ist. Diese Grundamtlichkeit wird nun konkret, indem Personen (oder auch Kollegien) mit einem Amt betraut, damit also an der Grundamtlichkeit der Kirche beteiligt werden. Hinsichtlich dieser Konkretisierung der Grundamtlichkeit der Kirche hin zu konkreten Trägern des Amtes stellen sich eine Reihe nicht unwichtiger, auch heute ausführlich diskutierter Fragen:

Wie kommt praktisch das amtliche Handeln der Kirche zustande? Wie differenziert sich das „eine" Grundamtliche in der Kirche konkret aus, wovon hängt diese Entfaltung ab? Wie viele Ämter gibt es sinnvoller Weise heute? Gibt es vielleicht im außergewöhnlichen Fall auch ein amtliches Handeln durch einen Christen, der deswegen nicht schon Amtsträger wird? Wie werden Ämter übertragen? Bei einigen Amtsübertragungen gibt es einen sakramentalen Vorgang. Gibt es aber nicht auch Ämter, die zwar zur Zeit nicht (reflex) sakramental übertragen werden, deren Übertragung aber durchaus theologisch als sakramental gedacht werden kann, zum Beispiel die Übertragung des Amtes einer Pastoralreferentin, eines Pastoralreferenten?

Ohne alle diese Fragen wieder in der erwünschten Ausführlichkeit behandeln zu können, sollen zumindest die wichtigsten Anregungen aus dem Gespräch mit Karl Rahner festgehalten werden.

Wir beginnen mit der Frage, was das Tun eines einfachen Kirchenmitglieds vom Tun eines Amtsträgers unterscheidet.

*Dauer*

Damit man von einem Amt reden kann, braucht es eine Beteiligung einer Person an kirchlichen Grundvorgängen auf (eine gewisse) Dauer.

So kann es ja sein, dass (im Extremfall) zum Beispiel eine Heidin einen Menschen tauft; dadurch setzt sie zweifelsfrei einen hochverbindlichen kirchlichen Akt. Aber sie wird dadurch nicht Amtsträgerin. Es gibt also offensichtlich im Einzelfall amtliche Handlungen, die noch kein Amt im eigentlichen Sinn konstituieren.

Selbst dieses erste Kriterium der Dauer ist natürlich noch einmal unscharf. Die Bestellung von Christen zu einem Amt auf Zeit wäre keineswegs sinnlos und theologisch auch möglich. Nimmt man zum Beispiel an, dass ein Pastoralreferent Träger eines kirchlichen Amtes ist, dann ist es heute keineswegs bestritten, dass zum Beispiel ein solches Amt auf nur fünf Jahre übertragen werden kann.

**Rahner** Das ist übrigens auch für die Frage des Zölibats wichtig, dass es mit dem character indelebilis (dem unauslöschlichen Merkmal)[74] der Priesterweihe durchaus vereinbar ist, dass einer auf Zeit geweiht wird. Vielleicht wäre das auch deshalb wichtig, weil viele junge Leute den Eindruck haben, wenn sie Priester werden wollen, müssten sie sich auf alle Ewigkeit verpflichten, und dann sagen, dass sie das nicht können und sich nicht zutrauen.

**Zulehner** Hieße das, dass sie nach einem Verzicht auf die Amtsausübung zwar Priester blieben, aber eben wie ein Altbischof ihr Amt nicht mehr ausüben?

**Rahner** Man könnte ruhig sagen, so wie die Kirche früher einen durch Degradation „cum infamia" (mit

---

[74] Character indelebilis: unauslöschlicher Charakter; bezeichnet die der menschlichen Entscheidung vorangehende innere Begnadung des Menschen durch die Anrufung Gottes, die Zusage der Bleibendheit Gottes mit dem Amtsträger. Vgl. Greshake, Gisbert: Priestersein. Zur Theologie und Spiritualität des priesterlichen Amtes, Freiburg 1982, 113–115.

Schande) in den Laienstand zurückversetzt hat, so könnte man doch auch heute einen wieder in den Laienstand zurückversetzen (unbeschadet des character indelebilis). Ohne dass das als ein irgendwie diffamierender Vorgang empfunden werden müsste.

*Amt für den Kirchenalltag*

Das Beispiel der Taufe durch eine Heidin hat schon angedeutet, dass das Amt für den kirchlichen Alltag bestellt ist. Einzelne Christen könnten somit für den aktuellen Einzelakt durchaus eine Art außergewöhnliches „amtliches Vermögen" haben.

**Rahner** Edmund Schlink hat mir einmal gesagt: Sie machen mir doch nicht weis, dass, wenn drei Christen in Sibirien Eucharistie feiern und es ist nach euren Regeln kein Pfarrer dabei, dies keine wahre Eucharistie wäre.

**Zulehner** Es gibt ja auch einen ähnlichen Text bei Tertullian:[75] „Wo aber kein Kollegium eingegliederter Diener vorhanden ist, musst du, Laie, die Eucharistie feiern und taufen; dann bist du dein eigener Priester, denn wo zwei oder drei versammelt sind, dort ist die Kirche, selbst wenn diese drei Laien sind."[76] Vielleicht wird dieser Notvorsitzende der Eucharistie auf diese Weise Amtsträger?

**Rahner** Nein, das nicht. Die heidnische Frau wird ja auch nicht amtliche Täuferin, weil sie einmal tauft. Man müsste für diese und ähnliche Fälle einmal eine grundsätzlichere Metaphysik des Außerge-

---

[75] Tertullian (etwa 150–223/225) prägte als theologischer Schriftsteller maßgeblich die Theologie vor Augustinus.
[76] Tertullian, De exhortatione castitatis, 7,3. – Vgl. Schillebeeckx, Edward: Das kirchliche Amt, Düsseldorf 1981, 83–89. – Ähnlich: Boff, Leonardo: Die Neuentdeckung der Kirche. Basisgemeinden in Lateinamerika, Mainz 1980, 100–109.

wöhnlichen und doch Legitimen entwickeln, ohne dass es deswegen kirchenrechtlicher Normalfall wird. Wenn zwei, eine Frau und ein Herr Robinson, auf eine Insel verschlagen sind und jetzt gern heiraten wollten und ganz allein sind, dann geht das „normal" nicht, weil keine zwei amtlichen Zeugen da sind. Ein normaler Kanonist würde dann sagen: Bedaure sehr, ihr habt eben Pech gehabt. Oder: Jemand ist der richtigen Überzeugung, eine kirchlich geschlossene Ehe sei nichtig, es könne dies aber nicht in foro Ecclesiae bewiesen werden. Dann würde ich eben auch für diesen außergewöhnlichen Fall sagen: Dann heirate eben ohne Kirche und der liebe Gott ist damit auch zufrieden. Es stimmt eben grundsätzlich nicht, dass in solchen Fällen das gesetzte Recht eine selbstverständliche Priorität habe oder in keinem denkbaren Fall „verletzt" werden dürfe.

Die Kirche scheut natürlich davor zurück, solche außergewöhnlichen Fälle als legitim zuzugeben, weil sie dann den Eindruck erwecken würde, dass diese Fälle dann gar nicht mehr als außergewöhnlich betrachtet werden. Wenn wir zum Beispiel im Einzelfall zugeben würden, dass zwei einige Zeit in einer nicht kirchlich eingesegneten Ehe zusammenleben dürfen, dann fürchten wir doch, dass dies morgen alle tun werden.

**Zulehner** Hier ist es wie bei staatlichen Gerichtsentscheidungen. Einmal passiert, sind sie für alle weiteren Fälle gültig. Im staatlichen Bereich ist dies so. Ähnlich: Wenn man einmal einen wiederverheiratet Geschiedenen zu den Sakramenten zulässt, dann ist dies, so fürchtet man, ein Präzedenzfall für alle.

**Rahner** Für unsere Frage nach dem Zustandekommen eines konkreten Amtes bedeutet dies: Überall dort, wo in einer intensiven, bedeutenden und dauerhaften Weise eine Sonderfunktion in der Kirche notwendig ist, haben wir so etwas wie ein Amt.

### Vom Grundamt zu den vielen Ämtern

Wir können nunmehr davon ausgehen und dies gleichsam als Strukturierungsprinzip der Kirche annehmen, dass die verschiedenen fundamental wichtigen Funktionen des öffentlich bedeutsamen Handelns der Kirche zusammen ihr „Grundamt" bilden. Die einzelnen Ämter können dann als Ausgliederungen dieser einen Grundamtlichkeit verstanden werden. Dabei ist die Kirche im Lauf der Geschichte (nicht zuletzt wegen sich wandelnder pastoraler Erfordernisse) immer wieder auf neue „Ämter" gestoßen und ist in ihrer „Ämterökonomie" auch heute dabei, die Landschaft des Amtlichen neu zu formieren. Man denke an den Diakon, die neueren kirchlichen Berufe wie Pastoralreferenten, Gemeindereferenten etc. Man hätte sich im Übrigen rückblickend auch eine anders verlaufende Ausdifferenzierung des einen Grundamtes denken können, wie man umgekehrt zu Recht für die Zukunft verschiedene Entwicklungen entwerfen kann: in der Art einer „Ämterfuturologie".

Aus vielen möglichen Fragen greifen wir wiederum einige wenige heraus: Fragen rund um die gegenwärtige Neuformierung des ererbten Priesteramtes; Fragen um die neuen Berufe der Pastoralassistentin und des Gemeindereferenten; Fragen schließlich hinsichtlich noch gar nicht bestehender künftiger „Ämter".

*Priesterämter*

**Rahner** Ich würde einmal sagen, die Idee, das Priesteramt dadurch herauszudestillieren, indem man daraus zunächst alles entfernt, was auch andere machen können, ist ein Unsinn. Dass etwas nach kirchenrechtlicher Praxis oder vielleicht auch vom Wesen der Sache her exklusiv der Priester tun kann, bedeutet ja nicht, dass das allein für ihn konstitutiv ist.

**Zulehner** Man kann das ja wohl auch umdrehen und sagen, dies ist schon deshalb unmöglich, weil das Grundkriterium für das priesterliche Amt ja immer bleibt, dass der Priester ein gläubiger Christ ist. Sehr vieles, was er daher als Priester tut, macht er ja schon längst als Christ.

**Rahner** Wenn wir voraussetzen, dass in der Eucharistie der höchste, totale, radikalste Selbstvollzug der Kirche im Lobpreis des Angekommenseins Gottes in Jesus dem Gekreuzigten und Auferstandenen gegeben ist, dann muss man von da aus doch sagen: Nicht jeder hat – was ja auch gar nicht möglich ist – die Aufgabe, die Eucharistiefeier auch amtlich zu leiten. Wie ich dann dieses Amt nenne – praktisch haben wir uns im Lauf der Kirchengeschichte angewöhnt, es Priesteramt zu nennen – , ist noch einmal eine andere Sache.

**Zulehner** Bleiben wir noch beim Priesteramt. Kann man nicht sagen, dass es auch aufgrund der unterschiedlichen kirchlichen und gesellschaftlichen Situation – unbeschadet des eingebürgerten Begriffs des „Priesteramts" – faktisch doch mehrere „Priesterämter" gibt? Also zum Beispiel einen gemeindebezogenen Priestertyp, der mehr mit den Vorgängen und der Leitung einer Ortsgemeinde zu tun hat, und daneben den Wanderpriester, der mit der Gemeindegründung, mit der Predigt zu tun hat und daher praktisch in vielen Gemeinden tätig ist.

**Rahner** In den Johannesbriefen wird das ja noch greifbar, wo Vorschriften gemacht werden, ob man so einen Wanderprediger aufnehmen solle …

**Zulehner** Sie meinen, solche Wanderpriester …

**Rahner** Ja, ich meine: Niemand kann leugnen, dass das eine und – faktisch oder metaphysisch – plurale Amt des Priesters geschichtliche Akzentverschiebungen erfahren kann, und zwar solche, die allmählich auch rechtlich festgelegt werden.

**Zulehner** Müsste man dann aber in Zeiten, in denen aus vielfältigen Gründen das Priesteramt eine starke Entwicklung durchmacht, nicht vor allem auch die veränderten seelsorglichen Verhältnisse bei der Ausgestaltung des konkreten Priesteramts bzw. der Priesterämter für morgen mitbedenken? Da müsste man etwa sagen, je entwickelter zum Beispiel die Bereitschaft der Laien ist, in unvertretbarer Eigenverantwortung seelsorglich mitzuarbeiten, umso unscheinbarer wird das eigentlich amtliche Handeln der Kirche im seelsorglichen Alltag der Gemeinden sein.

**Rahner** Es ist aber natürlich auch noch einmal zu fragen, ob nicht gerade in einer solchen entwickelten Gemeindesituation in einer ganz anderen Weise spezifisch amtspriesterliche Funktionen gefordert werden. Nehmen Sie einmal an, Sie hätten eine Pfarrei oder eine Gemeinde von lauter „rabiaten" Charismatikern. Bis Sie diese auf ein Gemeindeleben „abgerichtet" haben, müssen Sie vielleicht viel mehr Amtspriestertum einsetzen als in früheren Zeiten. Ich hab ja auch schon oft gesagt, der Papst müsse heute in mancher Beziehung dieses und jenes aufgeben, was er früher durchaus im Rahmen seines Amtes getan hat, damit wäre aber nicht gegeben, dass das Ganze seiner Sendung heute einfach geringer werden würde. Der Papst braucht sich nicht um alle kirchlichen Belange zu kümmern, er braucht auch nicht die letzten liturgischen Einzelheiten amtlich anzuordnen, aber er könnte zum Beispiel beim heutigen Schwund an öffentlicher Gewissensrepräsentation in der profanen Gesellschaft eine ganz wichtige Funktion in der Welt auch gegenüber Ungläubigen ausüben. Es ist ja nicht selbstverständlich gewesen, dass Paul VI.[77] in der UNO das Wort ergriffen hat. Diese beiden Beispiele zeigen, dass Akzentverschiebung nicht Verunscheinbarung des Amtes, auch nicht des Priesters bedeuten muss.

**Zulehner** Aber zumindest in der konkreten Amtsausübung kommt es heute wegen der sich wandelnden Seelsorgssituation zu einer spürbaren Verschiebung. Das bedeutet aber auch, dass jene, die schon einige Zeit Priester sind, in vieler Hinsicht umlernen müssen. Dies gilt wohl nicht zuletzt auch für die Spiritualität des priesterlichen Amtes.

**Rahner** Natürlich verändert sich dann das Verhältnis zwischen Priester und Laien. Nicht so, dass das Amt in der Kirche abgeschafft werden könnte oder

---

**77** Paul VI., Papst 1963–1978, der das von Johannes XXIII. einberufene Zweite Vatikanische Konzil zu Ende führte und als erster Papst vor der Vollversammlung der Vereinten Nationen 1965 eine Rede hielt.

sollte, nicht so, als ob in einer notwendigerweise strukturierten, gegliederten Gemeinde es nicht verschiedene Ämter und Aufgaben geben könnte und müsste, deren Verteilung in brüderlichem Respekt und Liebe von den Einzelnen respektiert werden muss. Aber in einer solchen Gemeinde hat im Grunde genommen jeder seine Funktion. Da gibt es die Funktion einer Gemeindeleitung, die sich besonders ausdrückt in der Leitung der eucharistischen Mahlgemeinschaft. Da gibt es aber genauso unerlässlich und notwendig andere Funktionen in der Gemeinde. Der Pfarrer soll selbstverständlich nicht einfach der Funktionär eines kirchlichen Ritualismus werden, im Gegenteil, er soll von seinem Amt als Gemeindeleiter her durchaus eine Verantwortung spüren, exemplarisch, lebendig, radikal seinen Brüdern und Schwestern in der Gemeinde das Christentum zu bezeugen durch sein eigenes Leben. Es wird aber trotzdem eine gewisse Differenz zwischen amtlicher Funktion in einer bestimmten Gemeinde und dem letzten Sinn einer solchen Gemeinde geben. Worin die Amtsspiritualität des Priesters besteht, ist jetzt eine weitere Frage. Im Großen und Ganzen wird sie natürlich wesentlich die eines Menschen von heutzutage in der heutigen Gesellschaft sein. Er wird dauernd konfrontiert sein vom Nein der heutigen Gesellschaft gegenüber dem Evangelium. Er wird dieses Nein umso intensiver erfahren, weil er ja seine Christlichkeit nicht als Privatsache praktiziert. Das Schwierige dabei ist, dass er für etwas eintreten muss, was er selbst nur sehr anfanghaft fertig bringt. Ich glaube, es gibt schon noch Eigentümlichkeiten der priesterlichen Spiritualität, von denen man reden kann, wobei man gar nicht beweisen muss, dass dies alles nur für den Priester gilt.

Dabei gibt es die seltsamsten Dinge. Neulich hat mir ein Priester geschrieben, er wäre mit Leib und Seele Priester, aber seine grundreligiöse Erfahrung sei gewissermaßen eine theistische Erfahrung und nicht eine christologisch geprägte. Heute dagegen ist das bei vielen gerade umgekehrt, gepredigt wird …

**Zulehner**  … jesuanisch, sehr stark, …

**Rahner**  … und wenn man vom lieben Gott noch etwas zu wissen hofft, dann, wenn's gut geht, gerade noch von Jesus her, sonst aber nichts. Das ist natürlich dogmatisch nicht richtig. Bei einem solchen Jesuanimus könnte man doch fragen: Was geht mich denn dieser Jesus an, wieso ist er ein Vorbild, das es sonst nirgends auf Gottes Erdboden gibt, wieso ist gerade sein Gottesverständnis für mich verpflichtend? Warum kann ich nicht zum Beispiel Buddha[78] oder jemand anderen zu meinem spirituellen Bezugspunkt machen? Aber solche Fragen kommen bei diesem Jesuanismus überhaupt nicht vor. Das ist doch merkwürdig. Ich bringe das nicht fertig, so jesuanisch kann ich nicht sein. Wenn man nachweisen würde, was man leicht könnte, dass Jesus ein Kopftuch wie Arafat[79] getragen hat, warum praktiziert man denn das nicht? Gibt es also Maximen, die von Jesus her verbindlich sind, die man nicht auch anderswoher schon als solche erkennen kann, obwohl er sie als Forderungen an uns nicht aufgestellt hat, und sind die Normen und Imperative, die er aufgestellt hat, nur von seiner formalen Autorität her als verpflichtend erkennbar? Eine schwierige Frage.

---

**78** Buddha (550–480 v.Chr.), indischer Religionsstifter.
**79** Jassir Arafat, geb. 1929, seit 1967 Führer der Fatah, seit 1969 der PLO, einer Bewegung zur Etablierung eines selbstständigen Staates der Palästinenser.

*Dabei gibt es die seltsamsten Dinge. Neulich hat mir ein Priester geschrieben, er wär mit Leib und Seele Priester, aber seine grundreligiöse Erfahrung sei gewissermaßen eine theistische Erfahrung, und nicht eine christologisch geprägte. Heute dagegen ist das bei vielen gerade umgekehrt, gepredigt wird*

Zulehner: *jesuanisch, sehr stark,*

Rahner: *und wenn man vom lieben Gott noch etwas zu wissen hofft, dann, wenns gut geht, gerade noch von Jesus und sonst nichts. Das ist natürlich dogmatisch nicht richtig. Bei einem solchen Jesuanismus kann man fragen: Was geht mich denn dieser Jesus an, wieso ist er gerade ein Vorbild, das es sonst nirgends auf Gottes Erdboden gibt, wieso ist sein Gottesverständnis für mich verpflichtend? Warum kann ich nicht z.B. Buddha oder jemand anderen zu meinem spirituellen Bezugspunkt machen, aber solche Fragen kommen bei diesem Jesuanismus überhaupt nicht vor. Das ist doch merkwürdig. Ich bring das nicht fertig; so jesuanisch kann ich nicht sein. Wenn man nachweisen würde, was man leicht könnte, daß Jesus ein Kopftuch wie Arafat getragen hat, warum praktiziert man denn das nicht? Gibt es also Maximen, die von Jesus her als Praxis verbindlich sind, die man nicht auch anderswoher schon als solche erkennen kann, obwohl er sie als Forderungen an uns nicht aufgestellt hat,*

Zulehner: *Und trotzdem bleibt die zentrale Heilsbedeutung Jesu Christi in dieser konkreten Geschichte unangetastet.*

Rahner: *Aber ist genau die Frage, worin diese besteht. Für viele ist Jesus doch irgendwie gefühlsmäßig eine Bezugsperson, die einen aufrichtet, tröstet, ermuntert, zur Nächstenliebe animiert, Gemeinschaft stiftet usw. Das ist aber im Grund alles peripher zur radikal theozentrischen Bedeutung Jesu, also der Bedeutung Jesu bezüglich des absoluten Gottes in dem Sinn, daß Jesus die geschichtlich einzig absolut greifbare und universal siegreiche*

**Zulehner** Und trotzdem bleibt die zentrale Heilsbedeutung Jesu Christi in dieser konkreten Geschichte unangetastet.

**Rahner** Aber es ist genau die Frage, worin diese besteht. Für viele ist Jesus doch irgendwie gefühlsmäßig eine Bezugsperson, die einen aufrichtet, tröstet, ermuntert, zu Nächstenliebe animiert, Gemeinschaft stiftet usw. Das ist aber im Grund alles peripher zur radikal theozentrischen Bedeutung Jesu, also der Bedeutung Jesu bezüglich des absoluten Gottes in dem Sinn, dass Jesus die geschichtlich einzig absolut greifbare und universal siegreiche Verheißung Gottes ist; dass nämlich Gott sich als das Heil nicht nur anbietet, sondern von sich aus auch wirkt. All das spielt doch bei diesem modernen Jesuanismus kaum eine Rolle. Das betrifft auch die Auferstehung Jesu, die man zwar nicht leugnet, aber die da doch eine ziemlich unwichtige Funktion hat.

**Zulehner** Womit aber auch zusammenhängt, dass aus den biblischen Jesuserfahrungen viele konkrete pastorale Konsequenzen für die heutige Seelsorge abgeleitet werden, diese Jesuserfahrungen diesbezüglich aber doch geschichtlich ziemlich zufällig sind.

**Rahner** Ja, woher weiß ich denn, dass die für mich verbindlich sind? Ich weiß doch a priori, dass der vorösterliche Christus nicht das Gesamtrezept von Gemeinde liefern kann. Das zu bestreiten wäre doch ein nostalgischer, romantischer Biblizismus.

Setzen wir gleichsam als knappe Zusammenfassung und teilweise Ergänzung dieser Überlegungen zum

Priesteramt einen kurzen Ausschnitt aus einem Beitrag von Karl Rahner:[80]

*Die Aufgabe des Priesters*

„Ich habe früher einmal gesagt, dass ein Priester oder ein Bischof gefragt werden sollte, wie viele neue Christen er in seinem so genannt christlichen und in Wirklichkeit unchristlichen Gebiet gewonnen hat. Er sollte mehr darauf Gewicht legen als auf die Frage, wie viele ‚noch' zu seiner Gemeinde oder zu seiner Diözese gehören. Diese Frage öffnet auch ein Verständnis für die eigentümliche Aufgabe eines Priesters als dem Gemeindeleiter in einer Pfarrei der Zukunft. Er ist gewissermaßen durch seine Existenz, sein Tun und sein Wort die lebendige, glaubende, hoffende, liebende Vertretung der Botschaft Gottes. Dafür sucht er wenigstens ein paar Menschen zu gewinnen. Von dieser (dürfen wir das einmal so sagen) Eigentümlichkeit eines spirituellen Gurus aus sollte ein Priester in der Zukunft sein Amt auffassen. Er ist nicht in erster Linie derjenige, der dafür zu sorgen hat, dass alle, die im Grund genommen dafür kein Verständnis haben, getauft werden oder sakramental die Ehe schließen, er ist nicht der, der statistisch in besonders genauer Weise berechnen muss, wie viel Prozent seiner so genannten Pfarrangehörigen nun faktisch Ostern machen, er ist nicht der, der dafür ängstlich sorgen muss, dass er auch bei einer Beerdigung noch mitziehen darf. Er ist der, der, erfüllt von einem seligmachenden Glauben an Jesus Christus, den Gekreuzigten und Auferstandenen, im Gefühl seiner eigenen Befreitheit und Erlöstheit, im Glauben an das ewige Leben möglichst vielen (aber wie vielen ist sekundär?) diese seine eigene innere Erlöstheit und Befreitheit mitteilen will. Natürlich auch durch die Sakramente, durch die Feier des Herrenmahles. Aber all das

---

[80] Rahner, Karl: Warum die Christen eine Minderheit bleiben. Über die Zukunft der Gemeinden, in: Entschluss 37 (1982) 11–20, hier 16.

muss umfasst sein von der Verkündigung der befreienden, erlösenden, rettenden Gnade Gottes."

*Pastoralreferenten*

**Zulehner** Pater Rahner, an dieser Stelle jetzt die Frage: Was ist theologisch ein Pastoralassistent?

**Rahner** Zunächst können wir ja grundsätzlich sagen, dass es neben den bisher üblichen auch noch anders gestaltete Teilhaben an der einen, in sich differenzierten Grundamtlichkeit der Kirche gibt. Und wo eine solche Partizipation am Amt vorliegt, handelt es sich natürlich nicht mehr um einen Laien, sondern um einen Amtsträger …

**Zulehner** … also um einen, der weder Priester noch Diakon noch Bischof ist, sondern eine neue Art „pastoraler Amtsträger". Sollte man aber nicht mit manchen Verantwortlichen in der Kirche diese neuen pastoralen Berufe lieber „Dienste" statt Ämter nennen? Was zur Folge hätte, dass die Träger dieser Dienste „Laien" blieben.

**Rahner** Natürlich gibt es solche Dienste von Laien auch. Es ist durchaus möglich und auch wahrscheinlich, dass der eigentliche Amtsträger im vorhin geschilderten Sinn Leute zur Seite haben kann, die ihm in seiner Amtsführung beistehen, ohne deswegen ein eigenes Amt zu haben.

**Zulehner** Kann man hier an Seelsorgshelferinnen denken, eine Bürokraft in der Pfarrkanzlei usw.?

**Rahner** Aber das sind ja eben die Pastoralassistenten nicht. Ich würde sagen: Dort, wo nicht nur eine, wenn auch auf Dauer vereinbarte Hilfsarbeit, eine Hilfsfunktion für einen Amtsträger ausgeübt wird, sondern im Namen der Kirche als solcher eigenständig gehandelt wird, hat einer im eigentlichen Sinn ein Amt. Wobei „eigenständig" nicht „unabhängig" bedeutet.

**Zulehner** Wird dann aber nicht auch eine Katechetin zum Beispiel genau genommen eine Amtsträgerin? Oder ein Caritasdirektor?

**Rahner** Oder auch ein „Laientheologieprofessor"? Auf jeden Fall wird man am Ende sagen müssen und sich so vielleicht auch aus der Patsche helfen, dass die Grenzziehung zwischen eigentlichen Ämtern und den Hilfsdiensten für Amtsträger nicht immer genau und eindeutig erfolgen kann.

**Zulehner** Das ist dann noch einmal eine Art politischer Akt der Kirche.

**Rahner** Ja, auch; und dies hat schließlich auch damit zu tun, dass, je mehr man von der Grenze des bloßen Hilfsdienstes in Richtung auf ein eigentliches Amt rückt, auch die Anforderungen an den Betreffenden größer werden, dass zum Beispiel sein Amt nicht gut mit weltlichen Berufen zu kombinieren ist.

**Zulehner** Aber der Begriff Kleriker entfällt in dieser Terminologie?

**Rahner** Es besteht zwischen dem Klerus und dem Amt begrifflich ein Unterschied. Der Begriff Amt ist viel weiter als jener des Klerus. Das heißt also, es gibt Ämter, die im überkommenen Sinn des Wortes nicht klerikal sind, obwohl ihre Träger auch nicht mehr einfachhin Laien sind. Es ist ja deshalb pastoraltheologisch unverständlich, warum ein Pfarrer manchmal den Pastoralassistenten von sich distanziert. Er müsste sich ja vielmehr bemühen, ihn soweit als möglich in den „Klerus" zu integrieren …

**Zulehner** … man sollte hier wohl besser sagen, in den Amtsbereich zu integrieren, statt ihn zu klerikalisieren. Denn die Klerikalisierung der Pastoralassistenten scheint eher fragwürdig zu sein, auch wenn es Bischöfe gibt, welche die Pastoralassistenten am liebsten zu Diakonen weihen würden. Eben das ist nach unseren Überlegungen aber nicht notwendig. Vielleicht kann man dafür eine andere (vielleicht sogar sakramentale) Form der Amtsübertragung für den Pastoralassistenten finden, aber doch nicht die Diakonenweihe?

**Rahner** Das hat einen zusätzlichen Grund ja auch darin, dass niemand so genau weiß, welche genauere Amtsfunktion der Diakon hat. Nun kann man aber hinter der Absicht, Pastoralassistenten wenigstens zu Diakonen zu weihen, noch einmal den vernünftigen Versuch sehen, den Unterschied zwischen dem Amt in der Kirche und dem Volk auch klar und handlich aufrechtzuerhalten. Jedenfalls scheint es mir seelsorglich gar nicht so unwichtig zu sein, wie ein Pfarrer die übrigen Leute, die mit ihm in einer beruflichen Weise dauernd zusammenarbeiten, theologisch einschätzt. Nicht wahr, der Bischof und der Pfarrer sind ja auch verschiedene Ämter und sie empfinden sich nicht als Gegensätze. Warum aber empfinden Pfarrer auch die Pastoralassistenten nicht so: Die gehören ja auch zum Amt, stehen also auf seiner Seite, und da tritt einer für den anderen ein.

### Zu einer Ämterfuturologie

Wir bringen hierzu zunächst wieder einen Ausschnitt aus dem erwähnten Beitrag von Karl Rahner:[81]
„Die Kirche hat zwar eine gesellschaftliche Struktur, von der sie überzeugt ist, dass sie bleibend zu ihrem Wesen gehört; sie ist davon überzeugt, dass es Diakone, Priester und Bischöfe in der Kirche gibt und geben muss, auch in der Zukunft. Damit ist aber zweierlei nicht gegeben. Erstens einmal ist die genauere, in einer bestimmten, geschichtlichen und gesellschaftlichen Situation geforderte Aufgabe dieser drei bleibenden hierarchischen Ämter noch nicht gegeben. Es könnte z. B. einmal sein (Franz-Xaver Kaufmann[82] hat darauf hingewiesen), dass eine Kirche der Zukunft viele kleinere Bistümer haben müsste, weil sie in der Zukunft sehr viel mehr von der persönlichen Christlichkeit ihrer Amtsträger getragen werden muss, als das früher notwendig war. Auch das Amtspriestertum in der Kirche hat sehr viele Aufgaben im Laufe der Zeit übernommen, die nicht notwendig zu seinem Wesen als eucharistische Gemeindeleitung gehören, und hat diese anderen Aufgaben unter Umständen wieder abgestoßen. Die genaue Inhaltlichkeit dieser drei hierarchischen Ämter braucht nicht notwendigerweise in der Zukunft genau die zu sein, wie wir sie gewohnt sind. Zweitens bedeutet diese bleibende hierarchische Struktur in der Kirche nicht, dass alle von der Kirche als eigentlicher amtlicher Gesellschaft zu erfüllenden Aufgaben Aufgaben gerade dieser drei Ämter sind und bleiben. Wo ist z. B. bei einer solchen dreifachen hier-

---

**81** AaO. 18f.
**82** Vgl. Kaufmann, Franz-Xaver: Kirche begreifen. Analysen und Thesen zur gesellschaftlichen Verfassung des Christentums, Freiburg 1979.

archischen Struktur deutlich, dass es Lehrer in der Kirche geben müsse? Natürlich kann man sagen, der Bischof sei auch der amtliche autoritative Lehrer innerhalb seines Bistums. Aber damit ist nicht ausgeschlossen, dass es die Möglichkeit, ja sogar die Notwendigkeit in der Kirche geben kann, ein ausdrückliches Amt der Lehrer in der Kirche zu schaffen, das zu diesen drei hierarchischen Ämtern hinzutritt. Die Kirche muss Caritas üben, nicht nur in der privaten Subjektivität des Einzelnen, der Almosen gibt, sondern auch als Kirche. Es muss also so etwas wie einen Diakon im Sinne der Apostelgeschichte geben. Dass dieses Amt oder diese Aufgaben einfach von Priestern, Caritasdirektoren oder von Pfarrern oder auch von den jetzt wieder geweiht werdenden Diakonen allein in genügender Weise ausgeübt und vollzogen werden könne, ist doch sicher eine offene Frage. Es kann durchaus das Amt kirchenamtlicher Caritas geben. Es könnte vielleicht das Amt eines Kritikers gesellschaftlicher Missstände in der profanen Gesellschaft geben, es könnte vielleicht das Amt eines von ausdrücklich kirchlich-christlichen Gesichtspunkten aus ausübenden Erziehers, Psychotherapeuten usw. geben. Alle diese Beispiele sollen gar nichts anderes als einigermaßen verständlich machen, dass es neben der dreifachen hierarchischen Struktur der Kirche durchaus andere, neue amtliche Aufgaben in der Kirche geben könne, die von den drei hierarchisch bleibenden Ämtern her respektiert werden müssen und denen eine Selbstverantwortung und Freiheit von diesen hierarchischen Ämtern eingeräumt werden müssten, Aufgaben und Ämtern in der Kirche, die nicht einfach unter der beliebigen Botmäßigkeit des Pfarrers oder eines einzelnen Bischofs stehen müssten, Ämter, die ausdrücklich von diesen hierarchischen Ämtern anerkannt werden müssten als gesellschaftlich und geschichtlich hier und jetzt erforderliche Ausgliederung des letztlich einen Amtes in der Kirche.

Damit ist nicht gesagt, dass der einzelne Laie als solcher und einzelne Gruppierungen von christlichen Laien als solche keine Bedeutung in der Kirche als solcher hätten. Nein, die Kirche lebt nicht nur – und nicht einmal in allererster Linie – vom Amt und von den Ausgliederungen und Differenzierungen des einen Amtes in der Kirche; die Kirche lebt als Volk Gottes, das in der Geschichte pilgert, von den Menschen der Kirche im Ganzen. Und dort, wo ein Christ seine christliche Aufgabe als Mensch in der Familie und in der profanen Öffentlichkeit wahrnimmt aus einer letzten christlichen Motivation heraus, da lebt die Kirche und entscheidet vielleicht sehr oft in viel wichtigeren Dingen, als sie dem Amt in der Kirche unmittelbar zugänglich sind. Es hat früher nicht umsonst heilige Könige gegeben und es wäre verkehrt, die Heiligen nur in der Stille klausurierter Klöster finden zu wollen. Die heilige Theresia von Avila[83] hat bedauert, dass in ihrer Zeit die Frauen so wenig zu sagen hatten, und auch die Kleine Therese[84] hat aus ihrem missionarischen Drang für das Heil der Welt, eben weil – wie sie sagte – es nicht anders ging, im Herzen der Kirche als beschauliche Karmelitin ihre missionarische Aufgabe zu erfüllen gesucht. Jedenfalls haben die Christen in der Kirche sowohl auf die Kirche wie auch auf die Welt, auf die profane Öffentlichkeit, auf die Gesellschaft hin Aufgaben, die sie als Träger der Kirche wahrnehmen müssen."

---

[83] Theresia von Avila (1515–1582) reformierte nach eigener Bekehrung den Orden der Karmelitinnen; von Papst Paul VI. 1970 zur Kirchenlehrerin erhoben.
[84] Hl. Theresia vom Kinde Jesu (1873–1897), Karmelitin, verstand die Liebe zu Gott und den Menschen als eigentliche Berufung, indem sie radikal auf die Kraft der zuvorkommenden Liebe Gottes vertraute; von Papst Pius XI. 1925 heilig gesprochen und zur Patronin der Missionen erhoben.

### Übertragung der Ämter

Wir führen das Thema einer „Ämterfuturologie" fort und verfolgen die Frage, wie denn künftig die Ämter übertragen werden (sollen): sakramental oder anders.

**Rahner** Ich würde sagen, es ist sicher, dass es in der Kirche wesentliche Ämter gibt, die nicht durch eine sakramentale Amtsübertragung, sondern auf andere Weise gegeben sind.

**Zulehner** Das Amt des Caritasdirektors zum Beispiel!

**Rahner** Ja, schon, aber da wird mancher sagen, das ist doch nichts Wichtiges. Das überraschendste Beispiel ist der Papst. Den fundamentalsten Vorgang einer nichtsakramentalen Amtsübertragung von allerhöchster Bedeutung haben wir in der Papstwahl und ihrer Annahme. Man kann also von vornherein gar nicht sagen, dass überall, wo ein wichtiges Amt übertragen wird, die Amtsübertragung sakramental sein muss. Umgekehrt könnte man vielleicht aber auch sagen, dass dogmengeschichtlich der Idee nichts im Wege steht, dass jede Übertragung eines wichtigen Amtes auf die Dauer sich als eine sakramentale Ausgliederung der grundsätzlichen Sakramentalität der Amtsübertragung herausstellt. Der heilige Thomas von Aquin und das Mittelalter haben zum Beispiel behauptet, die niederen Weihen seien Sakramente. Oder umgekehrt: Dass die bischöfliche Amtsverleihung ein Sakrament ist, hat sich erst endgültig – gegen den heiligen Thomas – durch das letzte Konzil herausgestellt. Man kann also nicht sagen, dass es nur Sakramente geben könne, wenn sie auch ausdrücklich in theologischer Reflexheit als solche getätigt werden. Man könnte also pastoral durchaus die Frage stellen, ob nicht zum Beispiel die Dauerbestellung eines Pastoralassistenten durch den Bischof als sakramentaler Vorgang interpretiert werden könnte. Das wäre für eine vernünftige Auflockerung der sturen Klerus- und Laienkategorien gar nicht so schlecht.

**Zulehner** Das würde aber für den Pastoralassistenten bedeuten, dass ihm ein Amt übertragen wird, das ihn vom Priesteramt unterscheidet ...

**Rahner** ... und trotzdem sakramental übertragen wird. Ähnlich ist der Diakon ja auch nicht Priester. Wie gesagt, es gibt sicher in der heutigen Kirche sakramentale Vorgänge, die es sind und immer waren und die trotzdem nicht immer schon reflex als solche von der Kirche erkannt worden sind. Und so könnte ich mir vorstellen, dass, wenn ein Bischof einem Pastoralassistenten sagt, dich haben wir geprüft und du hast studiert und du weißt um deine Verantwortung, du bist jetzt Pastoralassistent: dass dieser Vorgang im Grund eine sakramentale Beteiligung an der Grundamtlichkeit der Kirche als Ganzer ist.

**Zulehner** Ist nicht auch folgendes Beispiel ähnlich? Ein Bischof schickt in eine Pfarrei, für die er keinen Ortspfarrer mehr hat, zwei Ordensschwestern und sagt, ihr seid dort „Bezugspersonen", auf Dauer oder für einige Jahre bestellt, auf jeden Fall für eine geraume Zeit. Müsste man da nicht auch sagen, dass eine solche offizielle Beauftragung, auch wenn das der Bischof nicht so meint, faktisch doch mehr ist und in Richtung auf Priesterweihe läuft?

**Rahner** Ja, er hat aber nicht die Absicht, den beiden die Vollmacht zur Eucharistiefeier zu übertragen, das will er ja ausdrücklich nicht. Hier ist es natürlich eine andere Frage, ob er das eben nicht sinnvollerweise müsste; und ob er diese Vollmacht letztlich theologisch gesehen auch einer Frau übertragen könnte. Die Nichtweihbarkeit der Frau (zum Priester) scheint mir trotz der Römischen Erklärung vom 28.1.1977 eine noch nicht endgültig entschiedene Frage zu bedeuten.[85]

Jedenfalls, vieles der Aufgliederung des einen Grundamtes der Kirche ist der historischen Entwicklung der Kirche überlassen. Die Ausdifferenzierung des letztlich einen Amtes in verschiedene Aufgaben und Funktionen könnte auch noch ganz anders vorgenommen werden, als es durch die unreflektierte praktische Entwicklung der Kirche geschehen ist. Dabei bleibt dann immer noch die Frage offen, ob nicht die Übertragung neu ausgegliederter, neu formierter Ämter, wenn sie kirchlich bedeutsam genug sind, ein sakramentaler Vorgang wäre. Dass es sakramentale Wirklichkeiten gab, die einfach von der Sache her sakramental sind als Repräsentation des Wesens der Kirche, ohne dass sie als solche auch noch einmal unter den abstrakten Begriff des Sakraments subsumiert wurden, ist eine Binsenwahrheit. Und dass sie nicht auch in noch anderen Fällen angewendet werden kann, das müsste eigentlich erst noch bewiesen werden. Ich sage zum Beispiel nicht, dass eine Abts- oder eine Jungfrauenweihe Sakramente sind. Aber ich kann diese Vorgänge doch genau so ernst nehmen wie die Diakonatsweihe. Das eine hat eben das amtliche Etikett ‚Sakrament' und das andere hat es nicht. Aber ein tief relevanter Vorgang in der gesellschaftlichen Sichtbarkeit der Kir-

---

[85] Vgl. Rahner, Karl: Priestertum der Frau? in: Schriften 14, 1980, 208–223.

che ist das eine und das andere. Deswegen verschwinden auch die Äbte und Kapuzinerpovinziale nicht, sondern bleiben Altabt, Altprovinzial, während freilich die modernen, stark funktionalisierten Oberen in neueren Ordensgemeinschaften verschwinden, sobald sie ihre Oberen-Laufbahn beendet haben.

**Zusammenfassend**

Sicherlich sind diese fragmentarischen Gesprächsausschnitte nicht geeignet, in der erwünschten systematischen Gründlichkeit alle Fragen rund um „das" Amt in der Kirche zu klären. Doch stehen folgende Erkenntnisse wohl fest:
1. Die Kirche als heilige Gemeinschaft der Glaubenden und damit als Präsenz der unwiderruflich siegreichen Gnade Gottes, der sich in der Menschwerdung und Auferstehung Jesus als dem Vertreter der ganzen Menschheit mitgeteilt hat und damit mit seiner Urschöpfungsabsicht an den Anfang der Vollendung gelangt ist, hat ein Grundamt, damit dieses Grundsakrament konkret (im exhibitiven Wort) handeln kann und durch dieses Handeln in Vollmacht auch ihre Herkunft aus Gottes freier Liebestat in Erscheinung tritt. Das Amtliche verhindert also, dass sich die Kirche als eine gut organisierte Versammlung religiös besonders Begabter oder Bedürftiger missversteht.
2. Wenn die Kirche gesellschaftsöffentlich, intensiv und in bleibender Weise in ihren wesentlichen Grundvorgängen handelt und dazu Personen (oder auch Kollegien) dauerhaft in Dienst nimmt, entstehen konkrete einzelne Ämter.

3. Die Ausgliederung des einen Grundamtes in mehrere Ämter ist ein langer geschichtlicher Vorgang gewesen und ist heute immer noch in Gang. Man denke an die Neuformierung des Priesteramtes bzw. der Priesterämter oder das Entstehen neuer kirchlicher Ämter wie der Pastoralreferentinnen und -referenten. Im Rahmen einer Ämterfuturologie könnte man sich weitere kirchliche Ämter vorstellen, zum Beispiel das eines Lehrers der Theologie, eines Caritasdirektors, etc.
4. Einige der geschichtlich gewachsenen Teilämter (wie Bischofsamt, Priesteramt, Diakonat) werden heute sakramental übertragen. Damit ist aber nicht gesagt, dass nicht auch andere Ämter (wie das des Pastoralassistenten) in Hinkunft durch einen sakramentalen Vorgang übertragen werden können. Wir können sogar annehmen, dass die bisherigen Übertragungsformen (wie Beauftragung, missio) – heute noch anonym gebliebene – sakramentale Vorgänge sind, die, ähnlich wie bei der Bischofweihe, erst später als Teil der einen sakramentalen Einführung in ein kirchliches Amt erkannt und anerkannt werden.
5. Von hier aus ist schließlich noch einmal ein Vergleich zwischen dem aktiven Tun der einfachen Kirchenmitglieder und den amtlichen Kirchenmitgliedern möglich.

**Zulehner** Noch im Jahre 1851 vermerkt das Kirchenlexikon unter „Laien": „siehe Clerus". Wäre nicht heute umgekehrt zu fragen, wie das konkrete Amt in der Kirche ausgeübt werden soll angesichts der Erfahrung, dass Subjekt der Seelsorge die ganze Kirche ist und auch die vielen Laiencharismen zum Aufbau und Handeln dieser gläubigen Gemeinschaft unvertretbar berufen sind? Anders formuliert: Wie ist theologisch und praktisch das Verhältnis zwischen der Kirche des Volkes und der (amtlichen) Kirche für das Volk?

**Rahner** Man könnte ja einmal ganz allgemein sagen, in jeder Gesellschaft gibt es Vollzüge der Gemeinschaft, „quae agit", und solche, in denen die Gemeinschaft „qua", als Gemeinschaft, handelt. Was ein deutscher Dichter, ein deutscher Gelehrter, ein humanitärer Kämpfer in Deutschland macht, das ist für diese deutsche Gesellschaft entscheidend wichtig, gehört zur Gemeinschaft, ist auch nicht nur das individuelle Privatvergnügen dieser betreffenden Leute. Aber sie sind nicht ohne weiteres Vollzüge der Gemeinschaft als solcher („qua"; die Gemeinschaft im „reduplikativen Sinn"). Diese Tätigkeiten sind also für die Gemeinschaft zwar konstitutiv, aber es sind eben nicht Vollzüge, in denen sich die Gemeinschaft, sich als solche setzend, vollzieht. Insofern wären dann die Charismen der Christen unentbehrliche Vollzüge, die in diese Gemeinschaft der Kirche geschehen, auf die sie nie und nimmer verzichten kann, sind also Vollzüge der „ecclesia, quae agit". Wenn aber der Pfarrer amtlich predigt oder der Eucharistie vorsteht, dann ist das ein noch einmal verdichtetes, qualifiziertes Tun der Kirche, durch welches sie sich gleichsam selbst setzt. Natürlich gibt es zwischen diesen zwei Möglichkeiten fließende Übergänge. Wenn die Kirche die Theresia von Avila oder die Katharina von Siena[86] als Kirchenlehrerinnen anerkennt, dann ist das insofern ein merkwürdiger Vorgang, weil ein ursprünglich „unamtliches Charisma" gewissermaßen zu einem amtlichen umdefiniert wird.

---

[86] Katharina von Siena (1347–1380); auf ihr Drängen hin kehrte Papst Gregor XI. aus Avignon nach Rom zurück, Reformerin der Kirche, von Papst Paul VI. zur Kirchenlehrerin erhoben.

**Zulehner** Das bedeutet aber, dass der Unterschied zwischen den Laiencharismen und den amtlichen Charismen nicht durch die Tätigkeitsbereiche beschrieben werden kann, denn alle, die amtlichen und die nichtamtlichen Christen, sind an der Verkündigung ebenso beteiligt wie an der Liturgie und an der Diakonie. Verschieden ist aber die qualitative Art und Weise, wie sie in diesen Bereichen tätig sind. Dass damit nicht gesagt wird, dass nun alle das gleiche tun, dass die amtlichen und nichtamtlichen Christen sozusagen beliebig austauschbar wären, ist klar.

**Rahner** Es macht ja eben einen Unterschied aus, ob Sie der Eucharistiefeier als Priester vorstehen oder ob Sie als Laie (aber eben aktiv) mitwirken. Es ist eine Sache, ob jemand amtlich oder unamtlich an einem wichtigen Vorgang der Kirche beteiligt ist, und eine andere, mit welcher gläubigen Kraft er diese Vorgänge mitträgt.

*Das Bild vom Schachklub*

„Ich will das zunächst in einem Beispiel erläutern, obwohl dieses Beispiel schon öfter (z. B. von Gisbert Greshake[87]) attackiert worden ist. In einem Schachklub kommt es letztlich darauf an, dass die einzelnen Mitglieder des Schachklubs gut, hervorragend Schach spielen. Das ist die Aufgabe, der Sinn eines Schachklubs. Trotzdem muss es in einem solchen Schachklub auch einen Vorstand, einen Kassierer usw. geben, der die äußeren Voraussetzungen für das gute Schach Spielen schafft. Es ist durchaus wünschenswert, dass der Vorstand des Schachvereins auch etwas vom Schach Spielen selbst versteht, vielleicht auch ein sehr guter

---

**87** Vgl. Greshake, Gisbert: Priestersein. Zur Theologie und Spiritualität des priesterlichen Amtes, Freiburg 1982. – Ders.: Priester sein in dieser Zeit. Theologie – Pastorale Praxis – Spiritualität, Freiburg ²2000.

Schachspieler ist. Denn dann kann er viel besser beurteilen, wie ein solcher Schachklub organisiert werden muss. Aber es ist auch durchaus möglich, dass ein solcher Schachvereinsvorstand nicht gerade der idealste Schachspieler ist, sondern Vereinsmitglieder hat, die sehr viel besser Schach spielen können. So etwas, meine ich, gibt es auch in der Kirche Gottes. Die Heiligen sind die besten Schachspieler im Schachklub der Kirche Gottes; die Vereinsvorstände, also der Papst und die Bischöfe, sollten natürlich auch möglichst heilig sein, aber man darf es ihnen nicht übel nehmen – und das wurde auch in der Kirche im Grunde genommen immer anerkannt –, wenn sie weniger Heiligkeit, also weniger christliche Ausstrahlungskraft, weniger radikales Christentum in ihrem eigenen Leben verwirklichen als die großen Heiligen der Kirche. Ich darf nicht den Vereinsvorstand im Schachklub einfach deswegen schon in seiner Funktion absetzen, weil er in einem Schachspiel mit einem anderen Vereinsmitglied die Partie verloren hat. Insofern kann und darf man auch die Leiter der Gesellschaftlichkeit der Kirche nicht einfach überfordern, als ob sie notwendig, und zwar als Bedingung ihrer Amtsvollmachten, auch die idealsten Christen sein müssten. Ein Bischof kann – möchte ich sagen – religiös unter Umständen weniger spirituelle Substanz haben als sein Autochauffeur, der ein bescheidener, selbstloser Christ ist, der im Dienste der Kirche unter Verzicht auf alle möglichen weltlichen Vorteile seinem Bischof dient. Aber deswegen braucht der Chauffeur nun nicht den Bischof von seinem Bischofssitz zu verdrängen. Umgekehrt sollte natürlich der Priester, der Pfarrer, der Bischof, auch der Ordensmann, die ja alle ganz bestimmte Funktionen und Aufgaben haben, sich immer wieder aufs neue sagen, dass sie auch ihr eigentliches Amt als solches auf die Dauer und im Ganzen nur gut verwalten können, wenn sie auch radikal selber Christen zu sein sich bemühen."[88]

## Gemeindlicher Glaube

Noch einmal erinnern wir uns (zurück) an das landläufige Konzept der konkreten pastoralen Arbeit: Wer das Heilshandeln Gottes und damit auch das der Kirche als raumzeitlich-punktuelle „Primärereignisse" versteht, kann im Grunde gar nicht anders, als mit allen nur erdenklichen Anstrengungen und ohne Zimperlichkeit bei der Wahl der Mittel ersuchen, möglichst viele Menschen mit diesem Heilshandeln der Kirche in Berührung zu bringen. Das Konzept einer solchen Pastoral muss dann tendenziell „flächendeckend" sein; jedes Land wird, sobald die Missionierung erfolgreich war, mit einem Netz territorialer Zuständigkeit überzogen. Zielgruppe der Teilgebiete, der Pfarreien, sind alle Bewohner dieses Gebietes. So kommt es, dass sich heutzutage mancher Großstadtpfarrer für mehr als 20.000 Bürger zuständig und damit auch permanent überfordert fühlt. Selbst das Konzil von Trient hatte 5.000 als oberste sinnvolle Grenze angesehen, für die ein Pfarrer verantwortlich sein konnte. Dabei waren dies Seelsorgsverhältnisse, in denen ohnedies der obrigkeitliche Staat den Großteil der Seelsorge gemacht hat. In säkularisierten Gesellschaften, wie den unseren, ist aber eine derartig umfassende Zuständigkeit der Pfarrseelsorger nicht mehr ausführbar.

Wir gehen im Folgenden solchen konkreten Fragen der Gestalt der Kirche und ihrer Seelsorgsarbeit nach. Dabei versuchen wir, einige Konsequenzen zu ziehen aus den grundsätzlichen Überlegungen zu einer postkonziliaren „mystagogischen Seelsorge", die von einem

---

[88] Aus: Rahner, Karl: Warum die Christen eine Minderheit bleiben. Über die Zukunft der Gemeinden, in: Entschluss 37 (1982) Heft 12, 18.

universellen Heilsoptimismus ausgeht und in diesem Kontext die gläubige Gemeinschaft der Kirche theologisch begreift als das universelle Heilssakrament, als die Präsenz der irreversibel siegreichen Gnade Gottes in der einen Menschheitsgeschichte; dabei gilt die ganze Kirche als „Subjekt der Pastoral", wenngleich die überkommenen und möglichen neuen Ämter sowie die vielen Charismen jedes einzelnen Kirchenmitglieds in durchaus unterschiedlicher Weise das Leben und Handeln der in und als Gemeinden sich ereignenden Kirche mittragen. Wir verweben in diesem Kapitel Ausschnitte aus dem Innsbrucker Gespräch mit dem schon herangezogenen Artikel von Karl Rahner, der in der Zeitschrift der Jesuiten „Entschluss" veröffentlich wurde und sich mit demselben Thema befasste.[89] Zunächst kommen

- (anhand des „Entschluss"-Artikels) einige wesentliche „gemeindetheologische" Themen zur Sprache: Dass Gemeinden „Oasen in einer nichtchristlichen Welt" sind, die es dazu gibt, „damit das Heil Gottes sichtbar wird"; wobei diese Gemeinden zwar nicht (mehr) flächendeckend sein müssen, wohl aber gar nicht anders können, als das, was ihnen zuteil wurde, aufgegangen ist, was ihnen (in einem tiefen theologischen Sinn) „einleuchtet", anderen weiterzusagen, damit einerseits Menschen für die Kirche gewonnen werden, damit es auch morgen das „Heilssakrament" gibt, damit aber andererseits immer mehr Menschen jenes Glück ausdrücklich und in christlicher Gestalt begreifen, von dem wir selbst schon ergriffen sind.
- Sodann gehen wir (nunmehr mit Hilfe von Gesprächsausschnitten) der nicht unwichtigen Frage nach, wie die Beziehung des einzelnen Christen als „Individuum" zur Gemeinschaft der Christen ist, wie

**89** AaO.

stark sein Leben in einer konkreten „Stamm"-Gemeinde „integriert" werden kann und soll;
- in diesem Zusammenhang verfolgen wir auch die Frage, in welcher Weise die Kirche in ihren Gemeinden eine Art „Kontrastgesellschaft" sein kann und welche Vor- und Nachteile dieser anregende Begriff hat;
- schließlich geht es noch um die Frage nach den „Prioritäten" künftiger Gemeindearbeit, wobei die mögliche Bandbreite von sozialem Engagement hin bis zur reinen Anbetung Gottes in Gebet und Gottesdienst reicht.

### Zur Theologie der Gemeinde

„Es soll etwas gesagt werden über die Zukunft der christlichen Gemeinden, die wir gewöhnlich doch praktisch mit unseren Pfarreien identifizieren. Es soll dabei aber, weil nicht für die nächsten fünf Jahre etwas prophezeit, sondern weiter in die Zukunft geblickt werden soll, an einem ganz anderen Punkt angefangen werden, als man zunächst erwarten sollte, und darum muss etwas um Geduld gebeten werden.

Zweitausend Jahre gibt es schon Christentum, dennoch steht der größere Teil der Menschheit immer noch nicht in stärkerem Maße im eigentlichen Einflussbereich der Kirche oder ist gar christlich. Wenn ich einen Christen frage: Müssen diese Völker missioniert werden, müssen sie zum Christentum bekehrt werden, dann wird ein wirklich gläubiger Christ sagen: selbstverständlich. Auch wenn diese nichtchristlichen Menschen, so wird er sagen, durch eine geheime Gnade Gottes und auf Wegen, die – wie das Konzil sagt – Gott allein kennt, auch zur ewigen Seligkeit kommen werden, wenn sie nicht in einer ganz entscheidenden Weise endgültig gegen ihr Gewissen gehandelt haben, so sollen doch, so sagt dieser Christ, alle Menschen Christen werden. Da hat er ganz Recht. Aber es bleibt dann die Frage, wie Gott es denn in seiner Vorsehung, die alles in ihrer Macht hat, zulassen kann, dass nach 2000 Jahren immer noch der größere Teil der Menschheit außerhalb des Christentums lebt. Für diese seltsame Tatsache muss Gott doch einen Grund haben. Wir können natürlich sagen, dass diese Gründe in der unbegreiflichen Verfügung Gottes verborgen sind und deswegen in stillschweigender Eingebung angebetet werden müssen. Aber wir können uns doch einige Gedanken über solche Gründe machen."

*Eine christliche Welt?*

„Nehmen wir einmal einen Augenblick an, das Christentum sei über die ganze Welt verbreitet, überall seien nur christliche Völker mit einer sogar christlichen Öffentlichkeit, mit Kirchen, die überall gebaut sind, mit Bischöfen, die überall geachtet sind, mit einem Papst, der in aller Welt mit großer Begeisterung empfangen wird. Auch dann wäre eigentlich die Situation des einzelnen Menschen immer noch die eines geheimnisvollen radikalen Kampfes zwischen Licht und Finsternis, zwischen Gott und dem Bösen, zwischen der Entscheidung für Gott und das Ewige Leben und der Entscheidung für eine endgültige Verlorenheit. Mit anderen Worten: Die Welt wäre bei all ihrer äußeren, löblichen und wünschenswerten Christlichkeit immer noch eine Welt, in der Finsternis und Licht miteinander ringen in einem Kampf, dessen Ausgang wir nach rein menschlichen Maßstäben gar nicht voraussagen könnten.

Wenn Gott den Einzelnen bis zu seinem Lebensende in einem Kampf belässt zwischen Gut und Böse, dann müssen wir das auch übertragen auf die äußere greifbare Geschichte. Darin muss in einer gesellschaftlichen Weise dieser Kampf nach dem Willen Gottes offenbar sein und darf nicht bloß in der Innerlichkeit des einzelnen Individuums verborgen bleiben. Selbst wenn wir also annehmen würden, dass einmal die ganze Menschheit in einem äußeren Sinne christianisiert wäre, würde sich in einem gewissen Sinne doch gar nicht viel ändern. Es müssten immer noch in der Öffentlichkeit antichristliche Mächte vorhanden sein, es bliebe auch in der Öffentlichkeit, in der Geschichte, in der Politik, in der Kunst ein bleibender Kampf für und gegen Christus. So scheint es gewollt zu sein: Gott hat die Menschheit einer freien Entscheidung gewollt, und zwar eben nicht bloß in der Innerlichkeit des einzelnen Menschen, sondern auch in der Öffentlichkeit der Geschichte.

Wenn wir das einmal voraussetzen (auch wenn wir nicht voraussehen können, wie sich das konkret darbieten würde in einer Menschheit, die öffentlich überall christlich wäre), dann verstehen wir von vornherein, dass in einer solchen Situation die wirklichen Christen doch immer (mindestens dem äußeren Anschein der Geschichte nach) eine Minderheit wären. Sie müssten auch in einer solchen idealen Zukunft, wie sie sich vielleicht Päpste und Bischöfe denken und wünschen, immer noch ein angefochtener Teil der Menschheit sein, der nicht nur, wie gesagt, im Inneren der einzelnen moralischen Entscheidung, sondern auch in der Öffentlichkeit angefochten, bekämpft, bestritten würde. Mit anderen Worten: Die eigentlichen Christen können gar nicht ernstlich erwarten, dass sie in einer homogenchristlichen Welt leben."

*Oasen in einer nichtchristlichen Welt*
„Setzen wir das alles einmal voraus und fragen wir uns, wie man sich die nähere Zukunft einer christlichen

Gemeinde wohl denken soll. Da ist zunächst zu sagen, dass es nicht sicher ist, dass es in unserem so genannten christlichen Europa auf die Dauer „flächendeckende" Gemeinden geben kann, die das profane Territorium eines Landes, eines Staates eindeutig abdecken. Dieser Satz will kein Ideal für die Zukunft verkünden, sondern nur eine nüchtern-realistische Vermutung darüber aussprechen, wie es wohl faktisch werden wird. Für mehr wird es einfach zu wenige Priester geben. Wir können natürlich hoffen, dass die Zahl der Priester wieder etwas zunimmt, aber in einer Bevölkerung, in der nur 10 bis 15% der Menschen tatsächlich ‚praktizierende' – wie man sagt – Christen sind, kann man nicht erwarten, dass diese 15% praktizierender Christen so viele Priester stellen können, dass die priesterlichen Bedürfnisse der anderen 85% gedeckt werden könnten. Wir werden also Gemeinden haben, die nur eine Minorität in der Gesamtbevölkerung ausmachen werden, denn es ist realistisch nicht wahrscheinlich, dass diese europäisch säkularisierte Welt in absehbarer Zeit wieder ausdrücklich und praktizierend christlich sein wird. Mit anderen Worten: Wir werden kleine Gemeinden mit wenigen Priestern haben. So wird es vermutlich auf die Dauer gar nicht möglich sein, dass diese Gemeinden im Stil von profanen Polizeirevieren mit ihren wenigen Priestern unmittelbar und direkt die Gesamtbevölkerung, die Entchristlichten werden erreichen können. Ich meine, dass deshalb sich die künftigen Gemeinden, auch die so genannten Pfarrgemeinden, nicht mehr unmittelbar und direkt so wie bisher in einer administrativen Weise verantwortlich fühlen können für die Gesamtbevölkerung eines Landes. Wenn man heute einen Pfarrer fragt: Wie viele Seelen hast du in deiner Pfarrei, dann sagt er zum Beispiel 10.000 und meint damit, dass vielleicht 1.500 davon praktizierende Christen sind und er sich aber auch für die anderen 8.500 unmittelbar verantwortlich fühlen müsse. So kann es wohl in absehbarer Zukunft nicht mehr weitergehen. Es ist nicht unchristlich und unkatholisch, wenn man damit rechnet, dass in den nächsten Zeiten (in Jahrzehnten gerechnet) die christlichen Gemeinden so etwas wie Oasen in einer nichtchristlichen Welt sein werden. Diese Gemeinden der Zukunft sollen sich natürlich nicht in ein Schneckenhaus, in ein Getto zurückziehen, sie sollen durchaus missionarisch sein, sie sollen – wir werden davon noch zu sprechen haben – das Christentum wirklich attraktiv repräsentieren. Aber diese einzelnen Gemeinden brauchen sich nicht als der kümmerliche Rest einer Gemeinde empfinden, zu der eigentlich sehr viel mehr, 85% mehr, an Leuten gehören sollten. Das gilt dann auch für die Pfarrer, die Seelsorger, die Vorsteher und Leiter einer solchen Gemeinde. Wenn man einmal – nicht aus Pessimismus und nicht aus Faulheit, sondern in einer nüchternen Analyse der Situation der Christen in der heutigen westlichen Welt – davon loskommt, dass die christliche Pfarrgemeinde so konstruiert und verwaltet werden müsse, dass sie flächendeckend mit der nächsten Pfarrei zusammenstößt und alle diese Pfarreien zusammen die Leute ihrer Gemeinden identisch empfinden müssten mit der Gesamtbevölkerung, dann hat man in unserem Land nur die Situation, die für die Kirche in der Welt als Ganzer von vornherein zu erwarten ist. Überall haben wir sonst in der Welt Gebiete, in denen die Christenheiten, katholischer oder nichtkatholischer Art, nur Minoritäten und nur Oasen bilden. Wenn sich nun diese Situation auf Europa überträgt und der Schein einer allgemeinen, auch öffentlichen Verchristlichung dieses Europa aufhört, dann ergibt sich nur, was von der Situation der Kirche in der Welt grundsätzlich von ihrem Wesen und von der Freiheitssituation der Menschen, und zwar auch in ihrer Öffentlichkeit, zu erwarten ist."

*Damit das Heil Gottes sichtbar wird*
„So kann man dann durchaus von der einzelnen Gemeinde sagen, was das Zweite Vatikanische Konzil als Formulierung des eigenen Selbstverständnisses der Gesamtkirche in der Welt gesagt hat: Sie ist das Sakrament des Heiles der Welt. Was heißt das? Sie ist das von Gott gewollte, geschichtlich greifbare Zeichen dafür, dass Gott die Welt als Ganze liebt, machtvoll aus seiner Liebe nicht entlässt und auf Wegen, die wir nicht kennen, die Welt als Ganze zu ihrer seligen Vollendung führen will. Dafür ist die Kirche das große sakramentale Zeichen. Das Zeichen ist nie einfach identisch mit dem Bezeichneten; die Kirche ist das Zeichen für das Heil der Welt. Und das Heil erstreckt sich natürlich weit über dieses sakramentale Zeichen hinaus.

Diese Vorstellung vom Wesen der Kirche können wir auch auf eine einzelne Gemeinde anwenden, so wie sie bei uns ist oder zu werden beginnt. Diese Gemeinde ist eine christliche Oase in einer Welt, die im Geheimen von Gottes Gnade immer noch erfüllt ist, aber die sich, äußerlich, gesellschaftlich gesehen, sehr profan, sehr heidnisch ausnimmt. Darin ist die Gemeinde das sichtbare Heilszeichen, das Gott in dieser scheinbar so gottlosen Welt aufgerichtet hat. Gott sagt durch diese Gemeinde: Hier in dieser Welt bin ich und bleibe ich mit meiner Gnade, ich erfülle im Geheimen die letzten Tiefen des Menschen, ich entlasse sie nicht aus der Liebe, die ich, der ewige Gott, zu meinem eingeborenen, menschgewordenen Sohn habe. Dafür ist die einzelne christliche Gemeinde in ihrer Umgebung das sakramentale Zeichen. Das Zeichen ist verschieden vom Bezeichneten, nämlich dem stillen, verborgenen Heilswillen Gottes in aller profanen Welt. Gott wollte ein Zeichen, weil er als der Gott der Menschwerdung, als der Gott der Sichtbarkeit nicht nur die letzte geheime Lebendigkeit der Welt sein wollte, sondern diese seine universale Liebe auch in der Geschichte offenbar werden lassen wollte. Nicht so, dass sich jetzt einfach Heil und sakramentales Zeichen des Heiles decken, aber so, dass dieses Heil, das Gott aller Welt anbietet, auch in seiner letzten, eindeutig christlichen Ausdrücklichkeit in Erscheinung trete."

*Die unabgebbare Berufung des Christen*
„An diesem Punkt könnte ein Christ vielleicht sagen: Wenn das richtig ist, dann kann ich mir selber die Sache auch einfacher machen. Ich schlage mich zu dieser Welt, die – nach dem, was wir eben gesagt haben – ja auch nicht außerhalb des Heilswillens Gottes lebt und auch außerhalb der Sichtbarkeit der Kirche ihr Heil erreichen kann. Also schenke ich mir eine ausdrückliche Christlichkeit mit all den damit und nur damit gegebenen Verpflichtungen eines Gottesdienstbesuches, eines Sakramentenempfanges, einer Betreutheit durch kirchenamtliche Instanzen usw. So aber darf ein Christ nicht reden. Warum? Er ist von der ausdrücklichen Gnade Gottes in Jesus Christus und in der Kirche erreicht. Anders als viele andere Menschen, obwohl wir natürlich eine genaue Grenze zwischen diesen und jenen nicht ziehen können. Aber dieser Christ, der ausdrücklich Jesus Christus und seiner Kirche begegnet ist, darf nun nicht sagen: Ich suche mein Heil außerhalb dieser ausdrücklichen Christlichkeit in Beziehung und Glaube zu Jesus Christus in seiner Kirche, mit ihren Sakramenten usw. Wenn er so in dieser seiner, von Gott ihm verfügten Situation reden würde, würde er auch das eigentliche Heil selbst ablehnen. Mit anderen Wor-

ten: Aus dieser Konzeption einer christlichen Gemeinde als sakramentales Zeichen des Heiles für die Welt um diese oasenhafte Gemeinde herum ergibt sich in keiner Weise, dass der Christ gleichsam aus diesem Zeichen, zu dem er selber gehört, ausbrechen und sich zu der anonymen Menschheit schlagen dürfte, für die Gottes Heilswille auf geheimnisvolle Weise, wenn auch immer noch wegen Christus, wirksam ist."

*Befreit zur Mission*
„Nun ist es Zeit zu zeigen, dass diese so verstandene, oasenhafte Gemeinde, die sich über ihre Minderheitssituation von vornherein aus dem Wesen des Christentums heraus gar nicht wundert, dennoch das Gebot eines missionarischen Wirkens hat und es gerade so, bei Annahme dieser Minderheitssituation, viel unbefangener und freier erfüllen kann. Es ist ja zunächst einmal klar, dass diese Gemeinde als Zeichen des Heiles für die anderen dafür sorgen muss, dass diese Gemeinde, die das Zeichen ist, nicht untergeht, nicht verschwindet. Die sichtbare Greifbarkeit des Heiles der Welt, bezogen auf Jesus Christus und Kirche genannt, muss bis zum Ende der Zeiten in der Welt gegeben sein. Wie groß und mächtig dieses Zeichen prozentual zur Gesamtheit der übrigen Menschheit ist, darüber können wir nichts ausmachen, aber auf jeden Fall muss dieses Zeichen weiter existieren.

Wenn ein Mensch seine eigene Berufung zu dieser Ausdrücklichkeit des Heiles als eines Zeichens für andere kennt und von seiner gesellschaftlichen Verantwortung, von seiner Nächstenliebe nicht absehen kann, dann muss er mindestens zunächst einmal dafür sorgen, dass diese Gemeinde lebendig bleibt, wächst und neue Mitglieder aus dem sie umgebenden Heidentum heraus gewinnt. Wenn ein Mensch, der Christ ist, nicht nur wortlos anonym und der eigenen Wirklichkeit selber nicht recht bewusst von der Gnade Gottes umfangen ist, sondern weiß, dass er wirklich das von Gott geliebte Kind Gottes ist; wenn ein Mensch reflex realisiert, dass er zu einem unendlichen ewigen Leben in der Unmittelbarkeit Gottes berufen ist, dann muss er das auch anderen sagen. Er muss von diesem ausdrücklich zu sich selber gekommenen Glück anderen mitteilen wollen, so dass von ihm aus eben dieses Heilszeichen der Welt, Kirche genannt, bleibt, wächst und immer mehr Menschen gewinnt, die zu dieser innersten Begnadigung auch ausdrücklich gekommen sind. Eine Gemeinde, die nicht notwendigerweise von der Vorstellung gequält wird, in ihr praktizieren nur 15% ihrer Glieder, eine Gemeinde, die zunächst einmal sich der Zahl ihrer wirklichen, lebendigen Gemeindemitglieder erfreut, hat eine größere Chance für einen missionarischen Geist als eine Gemeinde, in der von vornherein wie ein Krebsgeschwür das drückende Gefühl grassiert, sie sei in Wirklichkeit gar nicht das, was sie sein sollte, weil ja 85% ihrer Mitglieder abständig sind. Eine solche Gemeinde kann von dieser glaubensmäßig gegebenen Selbsteinschätzung, das sakramentale Zeichen des Heiles für die zu sein, die gar noch nicht zu ihr eigentlich und lebendig gehören, viel unbefangener und lebendiger missionarisch sein."[90]

### Heilseinsamkeit und Gemeindeintegration

Es kann theologisch kein Zweifel bestehen: „Menschen, die sich in der letzten Liebe Gottes treffen, müssen doch auch sonst miteinander in Verbindung stehen, und die Liebe, die der Heilige Geist zu Gott und zum Nächsten eingibt, muss sich praktisch und konkret in einer echten Gemeinde der gegenseitigen Liebe und Hilfe manifestieren."[91]

Nun gibt es seit einiger Zeit auch im deutschen Sprachraum Gemeinden, die eine starke christliche Vitalität gewonnen haben. Sie binden das Leben ihrer einzelnen Mitglieder in einem hohen Maße. Sie integrieren dieses „alltägliche Leben" in den Lebensalltag der Gemeinde. Dies ist wohl der Grund, warum sie sich „Integrierte Gemeinden" nennen, wobei das Entscheidende nicht der Name, sondern die gemeinte Sache ist. Dabei entsteht manchmal der Eindruck, dass der Akzent so sehr auf der Gemeinde liegt, dass das Individuelle fast aufhört; die Gemeinde interessiert, nicht aber das persönliche Heil. Die Sorge um dieses wird als privatistischer Heilsindividualismus denunziert, schlechtgemacht. Im folgenden Gesprächsausschnitt geht es um dieses Thema der Gemeindlichkeit des Glaubens, welche die unentrinnbare Heilseinsamkeit des einzelnen Menschen nicht übersieht. Dabei ist das Wort „Heilseinsamkeit" bewusst gewählt und wird von „Heilsvereinsamung" unterschieden. Genauso unterscheiden sich ja auch die Begriffe Individualität und Individualismus, wobei Individualität verbunden ist mit der Not und dem Segen (!) der Einsamkeit, Individualismus hingegen als missratene Form der Individualität häufig gemeinsam mit „Vereinsamung" im zerstörerisch-beziehungslosen Sinn auftritt.

**Zulehner** Wäre es pastoraltheologisch nicht notwendig, so etwas wie eine unentrinnbare Heilseinsamkeit des Menschen zu schützen? Die gegenwärtige „Gemeindetheologie" neigt ja dazu, diese Heilseinsamkeit zu wenig zu beachten, wobei die Ablehnung eines überlieferten Heilsindividualismus sicherlich eine wichtige Rolle spielt. So kann man zum Beispiel bei

[91] AaO. 17.

Gerhard Lohfink[92] Zustimmung zu folgendem Zitat von Philipp Vielhauer[93] lesen: „Nicht das fromme Individuum ist das Ziel der Wege Gottes, sondern eine heilige, allgemeine Kirche, in dem prägnanten und radikal eschatologischen Sinn des Neuen Testaments. Ihre Erhaltung, Förderung und Verwirklichung bezeichnet Paulus mit oikodomein."

**Rahner** Ich würde an dieser Stelle zunächst sagen, dass der Mensch existentialontologisch in einem wesentlichen Dualismus von Individuum und sozialem Wesen besteht. So steht für das menschliche Handeln der eine Pol dem anderen nie als die allein bestimmende Größe gegenüber. Ich kann nicht sagen, mich interessiert die Sozialität in der Kirche nur, soweit sie für mein individualistisch gesehenes Heil bedeutsam ist. Ich kann auch nicht sagen, Heil ist uninteressant für mich und nur die kirchliche Gemeinschaft interessiert mich.

**Zulehner** Aber ist es nicht so, dass nicht nur der Einzelne eine Heils- und Unheilsgeschichte hat, sondern – was ja bisher oftmals übersehen wurde – auch eine Gemeinde?

**Rahner** Das gibt es natürlich auch. Es gibt eine Unheilssituation des Volkes, einer Gemeinschaft. Aber in diese geht die individuelle Heilsgeschichte nie auf, wie natürlich auch umgekehrt nicht.

**Zulehner** Dies ist im Grund eine theologische Absage an eine Art Heilskollektivismus. Verfolgen wir aber diese Frage noch ein wenig konkreter weiter. Muss nun, wegen der zweifellos immer gegebenen Ge-

---

**92** Vgl. Lohfink, Gerhard: Wie hat Jesus Gemeinde gewollt? Zur gesellschaftlichen Dimension christlichen Glaubens, Freiburg ²1983.
**93** Vielhauer, Philipp: OIKODOMÉ. Das Bild vom Bau in der christlichen Literatur vom Neuen Testament bis Clemens Alexandrinus, in: Ders.: Oikodomé. Aufsätze zum Neuen Testament 2, München 1979, 1–168, hier 108.

meindlichkeit jeglichen christlichen Glaubens (betrifft doch der Grundvorgang des Heils den einzelnen Menschen immer auch in seinen sozialen Bezügen), der einzelne Christ deshalb schon auch zu einer konkreten Ortsgemeinde gehören und in welchem Ausmaß muss er dort sein Leben einbringen?

**Rahner** Die Gemeindlichkeit, die „Sozialität" jedes Christen muss ja erst konkret konstituiert werden und braucht deshalb eine Vermittlung durch das, was man im üblichen Sinn Pfarrei nennt. Dazu gehören aber auch die Eltern, die möglicherweise – bzw. bei uns noch in der Regel – auch schon Christen waren. Der Einzelne wäre ja auch nicht Christ, wenn er nicht von jemandem getauft wäre, wenn niemand ihn belehrt hätte. Er muss sich ja mindestens ab und zu mit anderen zusammentun und Eucharistie feiern. Kurz und gut, ein reiner Heilsindividualismus ist – auf das ganze christliche Leben gesehen – gar nicht möglich.

**Zulehner** Aber aus all diesen Beispielen folgt noch keineswegs die von manchen geforderte starke lebensmäßige Integration in eine konkrete Gemeinde, sei es im Rahmen einer Pfarrei oder auch einer außerhalb des Pfarrnetzes gegründeten Personalgemeinde.

**Rahner** Kennen Sie das Buch über die französischen Einsiedler?[94] Es gab ja im Lauf der Kirchengeschichte – und es gibt sie auch heute – Eremiten, Männer und Frauen, Priester und Laien, Ordensleute, die zu einem Kloster gehörig bleiben, aber auch andere, die ganz für sich sind. Sie betonen alle, dass sie keine radikalen Heilsindividualisten sein wollen. Sie gehen zur Eu-

---

**94** Vgl. die Darstellung neuerer Formen des Eremitenlebens in Frankreich: Bonnet, S./Gouley, B.: Gelebte Einsamkeit. Eremiten heute. Übertragung und Nachwort von Bernardin Schellenberger, Freiburg 1982.

charistiefeier, sie haben vielleicht sogar einen Spiritual, der und jener gehört zu einem bestimmten Kloster.

**Zulehner** Praktisch heißt das aber, dass es unglaublich vielfältige Formen der Beziehung des einzelnen Christen zu dem sehr differenzierten Großgebilde Kirche geben kann und auch muss.

**Rahner** Darum soll man nicht nur „integrierte Gemeinden" gründen wollen.

**Zulehner** Man müsste hier wohl „überintegrierte Gemeinden" sagen, weil es für den Alltagsmenschen vielleicht gar nicht wünschenswert ist, wenn sein Leben so total in einer Gemeinde aufgeht ...

**Rahner** ... und zwar deshalb nicht, weil man dann für viele Leute die Chance vermindert, kirchlich zu sein. Es gibt genug Leute, die sagen, ich möchte ein Christ sein und ich möchte auch mit anderen Christen zusammen etwas leisten, ich gehe in die Eucharistiefeier. Aber so verschlungen werden bis in die hintersten Herzenswinkel, wie das in integrierten Gemeinden zu sein scheint, das mache ich einfach nicht mit. Bin ich dann kein guter Christ oder bin ich nur noch ein Randchrist? Damit ist nichts gegen integrierte Gemeinden gesagt, wahrhaftig nicht. Nur etwas gegen einen möglichen Monopolanspruch, allein die wahre christliche Gemeinde in deren idealer Gestalt zu repräsentieren. Für mich sind integrierte Gemeinden so etwas wie eine neue Art von Säkularinstituten (auch wenn sie das juristisch nicht sein wollen): Aber auch ein Ordensmann (wie ich auch) kann nicht wünschen und erwarten, dass sich die ganze

Christenheit in solchen religiösen Gemeinschaften organisiert. Müsste man nicht auch in diesem Zusammenhang auf die verschiedenartige und verschieden große „Strenge" der Orden in der Kirche reflektieren, die doch alle in die eine Kirche hineingehören? Müsste man nicht überlegen, was es bedeutet, dass das, was das Evangelium uns „zumutet", in allen Fällen das übersteigt, was wir faktisch vollbringen, wir mögen es anstellen, wie immer?

**Zulehner** Damit hängt ja nun auch zusammen, dass man sich, was die konkrete Gestalt einer christlichen Gemeinde und der Beziehung des Einzelnen zur Gemeinde betrifft, nicht so einfachhin auf die biblischen Erfahrungen stützen kann. Das wäre im Grund wiederum eine Variante eines nur schwer begründbaren „jesuanistischen Biblizismus" …

**Rahner** … ja, und verabsolutiert eine in diesen Texten stillschweigend vorausgesetzte, aber deswegen nicht für ewig bestehende Profanstruktur.

### Kirche(ngemeinden) als „Kontrastgesellschaft"?

Mit der Frage nach der Integration des Alltagslebens des Christen in die konkrete (Stamm- oder Orts-)Gemeinde hängt auch die Frage zusammen, inwieweit Christen das Leben der anderen Bürger teilen sollen und auch dürfen und inwieweit sie vielmehr sich davon absetzen sollen (weil diese Gesellschaft gottwidrig ist), um miteinander eine neue Lebenskultur aus dem Glauben und damit eine neue, sich unterscheidende Gegen- oder „Kontrastgesellschaft" zu bauen.

**Zulehner** Mir wird im Rahmen unserer Überlegungen immer deutlicher, dass der Begriff der „Kontrastgesellschaft"[95], den ich selbst auch schon benützt habe[96], nur schwer theologisch durchzuhalten ist. Denn vom Evangelium her kann sich keine eindeutige und für alle verpflichtende Bewältigung der umfassenden gesellschaftlichen Probleme ergeben.

**Rahner** Man kann zudem nicht leugnen, dass Gottes (helfende) Gnade auch außerhalb der Kirche gegeben ist. Diese helfende Gnade aber bewirkt, dass es viel gesellschaftlich Christliches außerhalb der Kirche gibt, ganz abgesehen von der rechtfertigenden, „heiligmachenden Gnade", die es auch außerhalb der Kirche in den Menschen selbst gibt.

**Zulehner** Vielleicht soll man auch noch profansoziologisch darauf hinweisen, dass eine Kirchengemeinde, aber auch die Kirche als Ganze nicht in der Lage ist, alle Probleme des menschlichen Lebens und Zusammenlebens „aufzuheben", also bei sich vorzufinden und dann zu lösen. Die Auseinandersetzung um Ab- und Umrüstung, die Arbeitsmarktprobleme sind eben Menschheitsprobleme und nicht nur Fragen einer Subkultur. Freilich, auf dem Rücken der bestehenden Gesellschaft lässt sich relativ leicht eine alternative Subkultur entwickeln; dies ist wohl für die umgebende Gesellschaft auch provozierend, aber am Ende deshalb nicht hilfreich, weil jeder handfeste Politiker sagen wird: So wie ihr in der oder jener „Integrierten Gemeinde" am Ort euer Leben organisiert, kann man nicht die Bundesrepublik politisch organisieren.

---

**95** Vgl. zum Begriff Kontrastgesellschaft: Lohfink, Gerhard: Wie hat Jesus Gemeinde gewollt, 181–188.
**96** Vgl. Zulehner, Paul M.: Helft den Menschen leben, Für ein neues Klima in der Pastoral, Freiburg ⁶1982, 80.

### Dennoch jesuanische Prioritäten?

Freilich, die Aussage, dass die Kirche heute nicht mehr wie in vergangenen Zeiten der Auffassung ist, alle gesellschaftlichen und kulturellen Fragen lösen zu können, besagt nicht, dass das gesellschaftliche Handeln der Christen und der Kirche nicht auch widerständig, „alternativ" ist, also einen Schuss an „Weltfremdheit" (Röm 12,2) an sich hat und haben muss. Was am Begriff „Kontrastgesellschaft" stört, ist daher nicht der „Kontrast", sondern der Wortteil „Gesellschaft".

Wir verfolgen diese Frage in einem Gesprächsausschnitt weiter, welcher sich an das Stichwort des „jesuanischen Biblizismus" anfügt: Dort wurde ja zunächst festgestellt, dass manche Theologen das gesellschaftlich-geschichtlich Zufällige allzu schnell mit dem Bleibenden, also auch heute Verbindlichen gleichsetzen.

*Armut*

**Rahner** Nun ist es ja noch einmal die Frage, ob es beim historischen Jesus nicht doch Prioritätssetzungen gibt, die man aus dem zentralen Heilsereignis der Annahme der Menschheit durch Gott in Menschwerdung und Auferstehung nicht ableiten kann und die doch für die christliche Kirche verpflichtend sind. Dabei können solche Verpflichtungen noch einmal differenziert werden in Verpflichtungen, die schlicht jedem Christen gelten, und andere, die noch einmal eine besondere Berufung für einzelne Christen sind. Zu dieser Frage nebenbei bemerkt: Metz[97] vermutet in dem Jesusbild von Küng[98] eine Vermischung solcher Prioritätssetzungen, und zwar so, dass Jesus zu einfach Vorbild für alle werden kann. Jedenfalls hat der historische Jesus Prioritäten gesetzt, Forderungen

---

**97** Vgl. Metz, Johann B.: Zeit der Orden? Zur Mystik und Politik der Nachfolge, Freiburg ⁵1982, 48–63. – Ders.: Glaube in Geschichte und Gesellschaft. Studien zu einer praktischen Fundamentaltheologie, Mainz 1977.
**98** Vgl. Küng, Hans: Christ sein, München 1974, 257–260.

gestellt, die nicht einfach von vornherein jedem „gutdenkenden", „anständigen Menschen" einleuchten müssen. Er machte es gar nicht jedem in seiner damaligen Gesellschaft recht, er nahm Partei, wo es gar nicht unbedingt klar war, dass die andere „Partei" Unrecht hatte. Kurz, es gibt Prioritäten, die Jesus gesetzt hat und die für die Christen verpflichtend sind. Dann aber dürfte das Eintreten für die Armen und die Zukurzgekommenen nicht etwas sein, was von einer allgemeinen Ethik der humanitären Menschenrechte allein abgeleitet werden kann; sondern es ist so, dass Jesus da bewusst einseitig ist …

**Zulehner** … von der Reich-Gottes-Predigt herkommend.

**Rahner** Diese Reich-Gottes-Predigt ist selbst noch einmal keine einfachhin inhaltlich eindeutig vorgegebene Sache, aus der dann alles andere abgeleitet werden kann. Sondern Jesus war arm und er hat sich auf die Seite der Zukurzgekommenen, der Sünder, der kleinen Leute geschlagen und das müssen nach ihm auch die Christen, das muss auch die Kirche tun.

**Zulehner** Ähnlich ist es ja bei der Gewaltlosigkeit.

**Rahner** In vielen Fragen weiß ich nicht genau, was da gilt. Ich würde jedenfalls da noch einmal unterscheiden zwischen den einzelnen Christen und der ganzen Kirche. Es kann doch niemand behaupten, dass der Armutsstil von Franz von Assisi[99] im Grund eine verpflichtende Sache für alle Christen sei, hinter der der Großteil der Christen eben nur kläglich zurückbleibt. Das glaube ich nicht. Ich würde sagen,

---

**99** Franz von Assisi (1181–1226); seine radikale Armut ist Ausdruck einer radikalen Christusnachfolge, des Wunsches, ein „zweiter Christus" (alter Christus) zu werden. Seine ersten Gefährten organisierten sich als Bußbruderschaft, durch die Ordensregel (1223) als Bettelorden.

Franz von Assisi hatte eine bestimmte Berufung und diese kommt zwar aus der Konkretheit Jesu her, aber nicht so, dass man sagen kann, diese Berufung gilt an und für sich für alle. Die grundsätzliche Frage bleibt hier also noch offen, ob es im Lebensstil Jesu trotz ihrer geschichtlichen Partikularität und Kontingenz Momente gibt, die für alle Christen als Teil ihrer Nachfolge Jesu verpflichtend sind.

**Zulehner** In Verbindung damit stellt sich ja auch die Frage, ob es nicht in den Jesusberichten (auch wenn historisch eher zufällige) Aussagen gibt, die dann eine bestimmte Gestalt einer christlichen Gemeinde bevorzugen und andere Formen gemeindlicher Struktur eher zurückstellen.

**Rahner** Ich habe ja auch schon geschrieben, dass sich die Gemeindeführung vom ersten auf das zweite Jahrhundert und zu Zeiten des Ignatius von Antiochien[100] auf das monarchisch-personale Prinzip festgelegt hat. (Nebenbei: die Wahl der obersten Spitze der ganzen Kirche durch ein Kollegium von Kardinälen zeigt auch heute noch, dass es immer noch kollegiale Momente in der Verfassung der Kirche gibt.) Das ist legitim, und wir nennen es sogar mit Recht „ius divinum" (göttliches Recht). Theoretisch wäre aber vom Wesen des Christentums ebenso eine kollektive Gemeindeleitung möglich gewesen. Es gab ja in der Urkirche mehr calvinisch-presbyterale[101] Verfassungsansätze, die sich dann aber nicht

---

**100** Ignatius von Antiochien (gest. um 110) wurde unter Kaiser Trajan von Syrien nach Rom gebracht, um im Tierkampf das Martyrium zu erleiden. Auf dem Weg dorthin schreibt er sieben Briefe, u. a. einen an die Gemeinde in Smyrna, in dem es heißt (8,2), wo der Bischof sei, da solle auch das Volk sein, wo Jesus Christus, dort ist die katholische Kirche.
**101** Jean Calvin (1509–1564) entwickelte die „Vierämterlehre". In jeder Ortsgemeinde tragen Pastoren (Predigt und Sakramentenspendung); Lehrer (Predigt und Schriftauslegung); Älteste (Wachen über die sittliche Lebensführung der Gläubigen) und Diakone (Armen- und Krankendienst) gemeinsam (presbyteral) Verantwortung für das Gemeinde stiftende Wort Gottes.

durchgesetzt haben. Immerhin: Die historisch gewordene, an und für sich anders denkbare, kontingente Gestalt kann dann trotzdem für spätere Zeiten verbindlich sein und bleiben. Und so Ähnliches könnte es vielleicht auch für einen christlichen Lebensstil geben.

**Zulehner** Dann kann man aber von gediegener exegetischer Arbeit erwarten, dass aus der Arbeit Jesu, Jünger zu sammeln und eine Gemeinschaft zu bilden, sicherlich einige Grundperspektiven für die heutige Seelsorge abgeleitet werden können, wobei immer noch die Frage offen bleibt, wie solche (vielleicht eher in historischer Zufälligkeit entstandenen) Grundperspektiven heute realisiert werden können.

**Rahner** Sicher. Man könnte zum Beispiel denken, dass – abstrakt gesehen – eine christliche Gemeinde, die von der radikalen Selbstdurchsetzung Gottes in der Geschichte überzeugt ist, doch die Prioritäten ihres Gemeindelebens auf Wahrheitserkenntnis – „Mystik", „Kontemplation" – und Schönheitskreativität legt und nicht so sehr auf die Sorge für die Armen, auf das Eintreten für Gerechtigkeit, auf das Füßewaschen. Das kann man abstrakt sagen.

**Zulehner** Also Choral statt Resozialisation?

**Rahner** Ja. Aber da wird man dann doch sagen müssen: Nein, eine Gemeinde hat den Armen zu dienen, hat Widerspruch gegen die sündige Welt zu erheben. Sie hat auch in der Öffentlichkeit für Gerechtigkeit einzutreten. Wenn sie daneben auch noch eine schöne Kirche hat, dann ist das recht, aber sie ist nicht die Priorität der Kirche, und zwar nicht deswegen, weil das a priori unmöglich wäre, sondern weil die Kirche von Jesus her mit einem solchen Gesetz angetreten ist, das für sie in ewige Zeiten verbindlich bleibt. Natürlich könnte man wieder sagen, Jesus habe ja auch gesagt, Arme habt ihr immer bei euch, aber dies stimme doch heute gar nicht mehr. In einer marxistischen Gesellschaft zum Beispiel gebe es gar keine Armen mehr. Vielleicht hat er auch Recht. In Ungarn gibt es heute sicher wesentlich weniger Arme im alten üblichen Sinn als in der feudalen Wirtschaft vor 1918. Doch kann man weiter denken und sagen, Arme in einem etwas sublimeren Sinn, zum Beispiel Sterbende oder auch in einer solchen Gesellschaft marginal Existierende, gibt es immer, also Arme habt ihr immer bei euch und diese (neuen) Armen bleiben von Jesus her die verpflichtende Priorität seiner Kirche.

*Die Kernpredigt vom ewigen Leben*
**Zulehner** Aber eine unverzichtbare Priorität bleibt nach wie vor die Predigt von der unwiderruflich siegreichen Zusage Gottes an die Welt in Jesus Christus in dieser einen Geschichte, sie ist gleichsam die oberste Priorität der Kirche ...

**Rahner** ... weil es gar keine realere und umfassendere, ich möchte sagen, unüberbietbarere Wirklichkeit geben kann.

**Zulehner** Das heißt aber, lapidar gesagt, die Kernpredigt der Kirche heißt „ewiges Leben" und nicht „soziale Aktivität", sosehr da noch einmal zu fragen ist, wie denn diese soziale Aktivität zu einer zeichenhaften Predigt vom ewigen Leben werden kann.

**Rahner** Ja, weil beide im selben Verhältnis zueinander stehen wie Gottes- und Nächstenliebe.[102] Aber selbst wenn gar nicht zur Diskussion steht, dass die Predigt vom ewigen Leben, in dem Gott als er selber „alles in allem" wird, der letzte und eigentlichste Akt der Sendung der Kirche ist, dann ist damit ja noch nicht gegeben, dass sich diese Priorität in der Praxis auch immer gleich auswirkt. Könnte es nicht sein, dass wir in eine Situation kommen, in eine geschichtliche Phase, in eine gesellschaftliche Struktur eintreten, in der diese Priorität viel radikaler wahrgenommen werden muss und kann, zugleich aber in einem gewissen Sinn auch nur viel schwerer wahrgenommen werden kann. Anders und einfacher ausgedrückt: Es lässt sich ja nicht leugnen, dass vieles, was die Kirche als willkommene und hilfreiche Momente ihrer seelsorglichen Arbeit getan hat, heute von innerweltlichen Institutionen und Gesellschaftsgruppen wahrgenommen wird. Das macht die Kirche bis zu einem gewissen Grad in diesen Bereichen überflüssig. Diese Überflüssigkeit behindert aber wieder die Leichtigkeit des Gesamttuns der Kirche. Wenn früher niemand sterben konnte, außer es stand eine Klosterfrau am Bett, da hat es die Kirche eben leichter gehabt, überall dabei zu sein. Heute stehen diese Klosterfrauen nicht mehr an den Sterbebetten, das Sterben ist heute medizinisch und soziologisch ganz anders organisiert. Und ähnliche Bereiche, in denen es auch um die Kirche „geht", gibt es viele.

Grundsätzlich hat die Kirche darum mindestens auf dem II. Vatikanischen Konzil ihre innerweltliche Partikularität als legitim anerkannt. Früher hat sie die Schulen selber gemacht, sie hat auch im 20. Jahrhundert die Schulen noch in der Hand behalten wollen; auch wenn sie vom Staat gegründet waren, war

---

**102** Vgl. Rahner, Karl: Wer ist dein Bruder?, Freiburg 1981. – Ders.: Über die Einheit von Nächsten- und Gottesliebe, in: Schriften 6, ²1968, 277–298.

im 19. Jahrhundert der Pfarrer immer noch der Schulinspektor.

**Zulehner** Selbst die Kultur war ganz wesentlich von der Kirche mitgeformt …

**Rahner** … oder denken Sie an das Eherecht. Und jetzt ist diese Partikularisierung der Kirche in Hinblick auf Gesellschaft und Kultur von der Kirche selbst als irreversibel und legitim anerkannt worden. Man redet seit dem Zweiten Vatikanischen Konzil von relativer Autonomie der Kultursachgebiete.[103]

**Zulehner** Das führt aber dazu, dass die Kirche von Gott in einer Art und Weise reden muss, ohne dass sie dabei stets für die Welt nachweisbar aufweisen kann, dass dieser Gottesglaube im alltäglichen Leben besonders funktional und nützlich ist.

**Rahner** Natürlich führt die Abgabe vieler geschichtlich wahrgenommener Aufgaben auf jeden Fall zu einer stärkeren Konzentration der Sendung der Kirche darauf, Gott die Ehre zu geben. Und diese Zentralisierung wird immer stärker und muss deswegen auch akzeptiert werden. Die Apologetik für die Bedeutung der Kirche kann auch heute gewiss noch auf große „innerweltliche" Leistungen der Kirche verweisen, die ihr faktisch niemand abnimmt, und es können sogar neue solche hinzukommen. Aber die eigentlichste Apologetik für Notwendigkeit und Bedeutung der Kirche muss anders geführt werden: Sie ist es, die Gott im Geist und in der Wahrheit anbetet, auch in Stellvertretung der unzähligen Menschen, die Gott zu vergessen scheinen.

---

[103] Vgl. Pastoralkonstitution über die Kirche in der Welt von heute – Gaudium et spes, 53–62.

**Zulehner** Dazu gehört aber, dass die Kirche durch einzelne Zeichenhandlungen in der Gesellschaft noch einmal anschaulich macht, was sie von Gott sagt. So wird sie durch ihren besonderen Dienst an der weltweiten Gerechtigkeit und für den Frieden etwas sichtbar machen vom umfassenden Lebenswillen Gottes. Und wenn sie mit Menschen so zusammen ist, dass diese aufatmen (Apg 3,20) und das Haupt erheben können, wenn sie erleben, dass sie aus der Enge ihrer verfahrenen Lebenssituation herausfinden und tödlicher Beziehungslosigkeit entrinnen, wenn sie also vom Tod zum Leben übergehen und so jetzt schon „kleine Auferweckungen" erleben, dann wird ihnen in diesen „Zeichenhandlungen" der Kirche anschaulich, was Gott mit ihnen insgesamt vorhat: nämlich Übergang vom Tod zum Leben, also Auferweckung. Daraus folgt natürlich wieder nicht, dass die Kirche in Konkurrenz tritt zu denen, welche Wirtschafts- und Friedenspolitik machen, die sich therapeutisch um die Kranken unserer Gesellschaft kümmern, usw.

**Rahner** Mit anderen Worten, eine reine Scheidung von innerweltlicher Tätigkeit der Kirche und ihrer eigentlichen Funktion ist gar nicht möglich und darf auch grundsätzlich nicht angestrebt werden, weil sie ja sonst auch ihre zeichenhafte Funktion auf Gott hin verlieren würde. Der Erzbischof Romero[104] lässt sich totschießen, weil er von Gott redet ...

**Zulehner** ... und nicht, obwohl.

*Kirche als „helfende Gnade"*
**Rahner** Hier ist natürlich noch einmal die berühmte Frage nach der „notwendigen helfenden Gnade".

---

[104] Oscar Arnulfo Romero, Erzbischof von San Salvador, wurde am 24. März 1980 während einer Eucharistiefeier wegen seiner Kritik an der salvadorianischen Militärdiktatur ermordet.

Die eigentliche Funktion der Kirche ist zwar die Hilfe für die radikale Durchsetzung der Verwiesenheit des Menschen durch die vergöttlichende, „heiligmachende" Gnade auf die Unmittelbarkeit Gottes hin. Diese Bestimmung des Menschen auf das ewige Leben hin (das Gott selbst ist als Gabe an den Menschen) hängt aber in einer Art und Weise, die viel komplizierter ist, als man das üblicherweise denkt, mit dem diesseitigen sinnvoll-moralischen Leben zusammen. Für dieses moralische Leben gibt es nach kirchlicher Lehre „helfende Gnade", und sie wird gegeben durch Beispiel, durch Belehrung, Erziehung, Ermahnung, etc. Aber man kann wieder nicht sagen, dass diese „helfende Gnade" nur durch die Kirche und ihre konkrete Arbeit angeboten wird. Profanhumane Erziehung, geistige und personale Ideale und ihre Propaganda durch Menschen guten Willens auch außerhalb des Christentums und unabhängig von ihm sind faktisch auch die Bereitstellung solcher „helfender Gnade"; diese ist somit kein Monopol der Kirche. Dennoch kann sie nicht darauf verzichten, auf ihre Weise für die Menschen ein Segen zu werden, eine „helfende Gnade", weil diese ja vor allem für ihre eigentliche Sendung hilfreich ist. Deswegen gibt es auf diesem Gebiet immer fließende Übergänge und wechselnde Kombinationen.

Wir schließen diese Überlegungen zu den Schwerpunkten kirchlicher Arbeit in der heutigen Gesellschaft, noch mehr in der gegenwärtigen Menschheitssituation, mit dem Schlussteil des Artikels von Karl Rahner im „Entschluss".[105]

---

[105] Rahner, Karl: Warum die Christen eine Minderheit bleiben, 20.

*Die Fernsten werden zu den Nächsten*

„In der Zeit, in der die Welt eine einzige globale Größe wird als Menschheit, in der das Schicksal eines jeden von allen abhängt, in einer Zeit, in der die einzelnen Gesellschaften und Staaten nicht mehr durch geschichtliche Leerräume voneinander getrennt sind, sondern von der Frage, wie es Südamerika im nächsten halben Jahrhundert gehen wird, auch die Frage, wie es uns hier gehen wird, abhängt, und umgekehrt natürlich auch – in einer solchen Zeit gehören, wenn wir so sagen dürfen, auch die Fernsten noch zu den Nächsten. Vor tausend Jahren konnte es einem Christen in Europa, abgesehen von seiner Bedrohtheit durch die Türken, praktisch gleichgültig sein, wie es in Indien oder Ostasien zugeht. Einfach deshalb, weil er dafür gar keine Möglichkeiten der Veränderung hatte und deswegen die Forderung christlicher Nächstenliebe keine konkrete Bedeutung für seine abstrakte Beziehung zu den Menschen von Ostasien oder Indien besaß. Heute ist das ganz anders. Alle die Fragen, die uns von ‚Global 2000'[106] heute aufgegeben werden, alle Fragen über die Benützung und Schonung der Lebensvoraussetzungen der Menschheit, alle Fragen des internationalen Friedens, alle Fragen der Entwicklung der Dritten Welt, sind heute unmittelbare Fragen der Verantwortung des einzelnen Christen und auch der einzelnen Gemeinden.

Eine Pfarrei von heute oder morgen müsste ein realistisch sich auswirkendes Verhältnis zu einer Pfarrei in Nigeria haben. Die Fragen der Abrüstung, des Friedens in der Welt, der Hilfe für die Dritte Welt, die Fragen, die die heutigen so genannten ‚Grünen' aufwerfen (wenn vielleicht auch manchmal in einer zu emotionalen und naiven Weise), sind Fragen, die heute an die Verantwortung des einzelnen Christen und der christlichen Gemeinden gerichtet sind. Wie viel der Einzelne

---

**106** Vgl. Global 2000. Der Bericht an den Präsidenten. Hg. der deutschen Ausgabe: Kaiser, Reinhard, übersetzt von Berendt, Thomas u. a. Frankfurt $^{42}$1980.

da tun kann, ist noch einmal eine andere Frage. Aber dass einer gar nichts tun kann, das ist vielleicht für irgendeinen armen Bettler an einem Straßenrand richtig (der aber mindestens noch für die Dritte Welt beten kann), aber für den normalen Christen sind das Fragen, bei denen er wirklich mindestens etwas tun kann und auch dafür sorgen sollte, dass seine Vertretungen in größeren gesellschaftlichen Organisationen, z. B. in Parteien und im Staat, diese Verpflichtung wahrnehmen. Wie viele Christen gibt es, die bei ihren Parteien schon einmal dagegen protestiert haben, dass nicht einmal ein Prozent des Sozialproduktes bei uns für die Dritte Welt freigemacht wird? Wie viele Christen haben schon einmal effektiv ihren Parteien gegenüber erklärt, dass sie auf ein Prozent ihres Gehalts verzichten würden? In Berlin gibt es einige Universitätsprofessoren, die effektiv auf einen nicht unbeträchtlichen Prozentsatz ihre Gehalts verzichten, damit gewisse Professuren nicht vom Staat, der sparen muss, gestrichen werden. Mir hat eine bedeutende deutsche Pädagogin gesagt, die schon in Pension ist, sie müsse, wenn sie ehrlich ist, zugeben, dass sie noch anständig und gut leben könnte, wenn ihre Pension 10% geringer wäre, und sie sei von sich aus auch zu einer solchen Kürzung durchaus bereit. Wenn die BRD Beamte hätte, die alle zu einer Kürzung von einigen Prozenten ihres Gehalts bereit wären, dann wäre ein großer Teil der finanziellen Misere beseitigt. Warum gibt es so wenige Christen, die zu so etwas bereit sind und diese Bereitschaft nicht in der Tiefe ihres Herzens verbergen, sondern auch öffentlich kundtun? Man sollte alle diese Dinge offener und kritischer und mit größerer Bereitschaft, etwas zu ändern, betrachten, als das praktisch geschieht."

*Eine Gemeinde des Gebetes*

„So sehr eine Gemeinde nicht nur eine Servicestation sein darf für die Befriedigung individualistischer Bedürfnisse der Frömmigkeit und der Heilssorge des Einzelnen für sich selber, sondern eine gesellschaftspolitische und gesellschaftskritische Verantwortung hat, und so sehr man auch in einer Predigt davon hören muss (auch wenn umgekehrt ein horizontalistisch denkender Kaplan auch etwas von Gott, dem ewigen Leben, dem Glauben und der Hoffnung der Ewigkeit sagen muss), so sehr muss eine wirklich christliche Gemeinde nicht nur ein gesellschaftspolitischer Zusammenschluss fur die Gerechtigkeit in der Welt sein, sondern eine Gemeinde, die auf Gott ausgerichtet ist, eine Gemeinde der Anbetung Gottes, kurz: eine Gemeinde des Gebetes. Und wenn eine Gemeinde sich darin nicht mehr zusammenfinden kann, und zwar im Gebet, das nicht einfach nur die legalistische Erfüllung ritualistischer Forderungen ist, sondern Gebet im Geist und in der Wahrheit, Gebet einer radikalen Hoffnung durch alle irdischen Dinge hindurch auf das ewige Leben Gottes, dann würde eine solche Gemeinde aufhören, eine christliche Gemeinde zu sein. Es gibt sicher Gebetsvereinigungen, Gebetsgottesdienste, die einen etwas privateren, intimeren Charakter haben dürfen und sogar sollen als der kirchenamtliche Pfarrgottesdienst. Aber auch ein solcher Gottesdienst muss in einer – möchte ich sagen – schöpferischen Phantasie religiöser Innerlichkeit so nach außen gestaltet werden, dass da wirklich persönlich, lebendig aus der innersten Mitte des Herzens heraus gebetet werden kann. Da muss gesungen werden, weil hier Menschen in einer freien Lebendigkeit Gott preisen wollen."

# Ausleitung

Was an dieser Stelle des Buches wohl im Leser, in der Leserin vorgeht? Wird er oder sie Freude haben an jenen pastoraltheologischen Einsichten, die uns schon länger umgetrieben, vor allem aber ermutigt haben?
1. Wird er oder sie Freude haben an der Erkenntnis, dass er oder sie als Christ berufen ist, die Gemeinde Gottes aufzubauen, damit in dem, was sie lebt, wovon sie erzählt, was sie feiert, für die Menschen, inmitten derer wir Christen sind und deren Schicksal wir teilen, sichtbar wird und vorankommt, was Gott eben nicht nur mit uns, sondern mit allen vorhat?
2. Wird er oder sie verstehen, dass Glaube, sosehr er gemeindlich ist, doch nie ganz in der Christengemeinde aufgeht? „Wohl dem, der einsam ist", sagt Wilhelm Busch in einem Gedicht, das Alfred Uhl vertont hat. Wohl dem, der „heilseinsam" ist, diese „Heilseinsamkeit" aushält, sie als letzten Ausdruck der Einmaligkeit, seiner Individualität annimmt!
3. Ist es der Leserin und dem Leser auch zur tröstlichen Gewissheit geworden, dass Gott immer schon am Werk ist, in der ganzen Menschheitsgeschichte ebenso wie in der Geschichte der einzelnen Menschen? Dies aber hat dann gewaltige Folgen für unseren seelsorglichen Umgang mit den anderen, zumal mit den so genannten „Fremden": Vielleicht haben sie längst schon jenen Gott angenommen, der um sie seit Anfang an wirbt, sie mit seiner Liebe verlockt – auch wenn diese Annahme noch nicht die vollendete christliche und kirchliche Gestalt gewonnen hat! Noch mehr: Vielleicht hat gerade durch diese Frem-

den Gott uns, seiner Kirche und den Seelsorgern etwas zu sagen. Seelsorge ist gerade wegen dieser theologischen Einsicht nie eine Einbahnstraße, sondern Austausch.
4. Lieben wir die sanften Stile der Seelsorge, ohne deshalb unentschieden zu werden, konturlos, bequem-gleichgültig? Glauben, Glaubensgeschichte sind so tief mit Freiheit verknüpft, dass Gewaltsamkeit der Seelsorge stets unangemessen ist. Haben wir Geduld, kennen wir die Gleichnisse vom unmerklichen Wachsen oder zupfen wir doch ungeduldig an den kaum noch lebensfähigen Pflänzchen herum?
5. Sind wir also in einem tiefen Sinn gelassen, weil wir das Entscheidende, nämlich das Wachstum in Glaube, Hoffnung und Liebe, Gott überlassen? Wer mit Gottes unablässigem Wirken rechnet, läuft nicht krampfhaft seinem seelsorglichen Erfolg nach. Freilich, es wurde in den Gesprächen wiederholt darauf hingewiesen, dass durchaus nicht Tatenlosigkeit folgt. Auch in der neuen Seelsorgskonzeption hat der Pfarrer immer noch eine harte, das Letzte von ihm verlangende Aufgabe und Arbeit. Auch bedeutet der Hinweis, man brauche nicht um jeden Preis an einem flächendeckenden Pfarreiprinzip festzuhalten, keineswegs einen Freibrief für Bequemlichkeit oder missionarische Resignation. Eltern, die zur Entwicklung des von ihnen gezeugten und verantworteten Kindes nichts beitragen, werden an ihm schuldig. Eine Seelsorge, die zur Entfaltung des der Freiheit des Menschen immer schon angebotenen Heils nichts beiträgt, wird schuldig daran, wenn Glaubensmöglichkeiten vertan werden. Die Verantwortung der Menschen füreinander gerade hinsichtlich des Heils ist auch von der mystagogischen Seelsorgsgrundkonzeption aus gegeben.

6. Anliegen dieser kleinen Schrift zur Theologie der Seelsorge heute, die keineswegs alle wünschenswerte und mögliche Vollkommenheit gewonnen hat, ist es, zu zeigen, dass Seelsorge, wie sie stattfindet, von einer Reihe – meist unbemerkter – theologischer Grundsätze lebt; eben diese Grundannahmen theologischer Art haben rund um das Zweite Vatikanische Konzil eine unumkehrbare Vertiefung erfahren. Dabei kann heute, rückblickend, unbekümmert behauptet werden, dass das Konzil der Versuch einer „pastoralen Reform von oben" war, mit allen Vor- und Nachteilen einer solchen Reform. Nach dem Konzil haben die Erkenntnisse gewiss Synoden erreicht, und damit auch zumindest die Teilnehmer an den Synoden. Was ist aber mit den einfachen Leuten, was ist mit ihren Seelsorgern geschehen? Nun kann man auch von diesen vereinzelt Tröstliches berichten. Täuschen wir uns, wenn wir befürchten, dass mehr die konkreten Verordnungen, weniger aber die theologischen Grundlagen „angekommen" sind? Neue Formen bleiben dann aber mit altem Geist erfüllt.

7. So könnte es sein, dass manche Leserin und manch ein Leser im Spiegel dieses Buches ihre eigenen theologischen Standpunkte befragt haben. Vielleicht ist sogar ein kleiner Schritt der Veränderung geschehen, vielleicht Bestätigung von schon längst Geahntem, so wie sich in den herbstlichen Bergtälern der Nebel hellt und man die Berggipfel sieht, von denen man zuvor als Fremdling nur eine Ahnung hatte. Vielleicht ist mancher nur aus vermeintlichen Sicherheiten aufgerüttelt worden. Wesentlich ist unserer Meinung nach, dass sich die Entwicklung der Pastoral nicht allein an einer gediegenen Kenntnis der seelsorglichen Situation entscheidet (zu der die pasto-

ralsoziologische Forschung in den letzten Jahren viel beigetragen hat); vielmehr ist dazu auch gründliche theologische Sacharbeit vonnöten.

8. Von da weg kann es sein, dass sich durch das Handeln derer, die ihre theologischen Denkstile geändert haben, allmählich auch die Gestaltung der seelsorglichen Vorgänge und die Gestalt der Kirche und ihrer Gemeinden mitverändert: die Art der Verkündigung (wir denken an die neue Bedeutung der Missionspredigt, einer Basis-Evangelisierung auch bei uns), die Sakramentenspendung (und ihre Einbettung in mystagogische Vorgänge), aber auch die Umschreibung der verschiedenen Ämter und Dienste oder auch der räumlichen Struktur der Gemeinden. Dabei wollte das Buch mit seiner Konzentration auf die Theologie der heutigen Seelsorge weniger konkret, im Sinn einer pastoralen Rezeptologie, „vorschreiben", wie diese „Strukturen der Seelsorge" morgen aussehen werden. Vielmehr sollte durch das Nachdenken über die Grundkonzeption der nachkonziliaren Seelsorge gezeigt werden, dass der Handlungsspielraum der Seelsorge weitaus größer ist, als gemeinhin angenommen wird, und dass nicht gleich jede Entwicklung, die heute der Kirche widerfährt, theologisch nur negativ beurteilt werden müsse. Unser Buch blieb deshalb in „pastoralstrategischen Fragen" bewusst zurückhaltend; es wird keine überraschungsfreie pastorale Zukunft vorgegaukelt. Vor allem jenen aber, die sich auf neue pastorale Wege gemacht haben, die an Ort und Stelle nach neuen Strukturen der Christengemeinde suchen, sollte deutlich gesagt werden, wie weit theologisch der Spielraum für ihr auf Zukunft hin offenes Handeln ist.

Wir runden das Gespräch ab mit den abschließenden Sätzen von Karl Rahner über „Die bleibende Bedeutung der II. Vatikanischen Konzils": „Die Kirche ist auf diesem Konzil neu geworden, weil sie Weltkirche geworden ist. Und sie sagt als solche an die Welt eine Botschaft, die, obzwar immer schon der Kern der Botschaft Jesu, heute doch bedingungsloser und mutiger als früher, also neu verkündigt wird. In beider Hinsicht, im Verkündiger und in der Botschaft, ist etwas Neues geschehen, das irreversibel ist, das bleibt. Ob wir in der dumpfen Bürgerlichkeit unseres kirchlichen Betriebs hier und jetzt dieses Neue ergreifen und leben, das ist eine andere Frage. Es ist unsere Aufgabe."[107]

---

**107** Rahner, Karl: Die bleibende Bedeutung des II. Vatikanischen Konzils, in: Schriften 14, 1980, 318.